Roland Rottenfußer

Mein Persönlichkeits Feng Shui

»Ermitteln Sie Ihren Chi-Typ«

Immer die richtige Entscheidung für Planungen, Reisen, Partnerschaften und Wohnsituationen treffen

Silke Held

WINDPFERD

Wichtiger Hinweis

Die in diesem Buch vorgestellten Informationen sind sorgfältig recherchiert und wurden nach bestem Wissen und Gewissen weitergegeben. Dennoch übernehmen Autor und Verlag keinerlei Haftung für Schäden irgendeiner Art, die direkt oder indirekt aus der Anwendung oder Verwendung der Angaben in diesem Buch entstehen. Die Informationen in diesem Buch sind für Interessierte und zur Weiterbildung gedacht.

Impressum

1. Auflage 1999

Umschlaggestaltung: Kuhn Grafik, Digitales Design, Zürich
Lektorat: Wolfgang Gräbel
Illustrationen: Peter Ehrhardt Design; Uwe Hiltmann
Layoutkonzeption: Schneelöwe, Aitrang
Layout/Satz: *panta rhei!* – MediaService Uwe Hiltmann, Niedernhausen/Ts.
Herstellung: Schneelöwe, Aitrang

ISBN 3-89385-301-4

Printed in Germany

„Wir können dem Wind nicht gebieten,
aber wir können die Segel neu setzen
und die Richtung ändern"

Kalenderspruch

Inhaltsverzeichnis

Vorwort

Jahre voller Herausforderungen wechseln mit Jahren des Glücks – mit Persönlichkeits-Feng-Shui sind wir auf unsere Chancen vorbereitet

Liebe Leserin, lieber Leser,
wir Menschen der westlichen Welt sind gewöhnlich in eine ganze Reihe fortdauernder, nervenaufreibender Kämpfe verwickelt.

An erster Stelle zu nennen ist der **Kampf gegen uns selbst**. Andauernd versuchen wir auf irgend eine Weise an uns zu arbeiten, uns zu überwinden oder über unseren Schatten zu springen. Wir nehmen bestimmte unliebsame Charaktereigenschaften von uns ins Visier und machen sie zum Gegenstand hartnäckiger, oft geradezu gnadenloser Umerziehungsversuche. Die Kraft, die wir aufwenden, um die Maske unseres idealen Ich aufrechtzuerhalten, fehlt uns anderswo: Sie fehlt uns, wenn es darum geht, unser ureigenes Lächeln, unsere ureigene Melodie, unsere ureigene Vitalität zu verströmen und andere Menschen wie auch uns selbst damit zu beglücken. Viele von uns geben eine recht traurige Figur ab, wenn sie merken, daß all ihre Versuche, sich selbst neu zu erschaffen, an scheinbar unüberwindliche Grenzen stoßen.

Ebenso wie uns selbst bekämpfen wir aber **auch unsere Angehörigen und Mitmenschen**, versuchen sie zu erziehen, zu manipulieren und aus ihnen das zu machen, was sie unserer Meinung nach sein sollten. Zu unserem Leidwesen tut der Partner, das Kind, der Kollege oft Dinge, die uns selbst nicht im Traum einfallen würden – und er unterläßt Handlungen, die wir für eigentlich völlig selbstverständlich halten. „Warum kann eine Frau nicht sein wie ein Mann?" lautet der Stoßseufzer von Prof. Higgins in dem Musical „My Fair Lady". „Warum kann der/die andere nicht sein wie ich?" lautet der unausgesprochene Vorwurf, mit dem sich Frau und Mann, Bruder und Schwester, Chef und Angestellter tagtäglich millionenfach quälen.

Schließlich kämpfen die meisten von uns auch noch an einer dritten, ebenso aufreibenden Front: Wir kämpfen gegen die offensichtliche **Ungunst der Stunde**, gegen den Strom der Zeit. Wir alle kennen die Erfahrung, daß es gute oder schlechte Tage gibt, Tage, an denen wir mit dem linken Fuß zuerst aufgestanden sind und solche, an denen uns buchstäblich alles locker von der Hand geht. Wir kennen auch Glücksjahre, die so vollgefüllt mit Sinn und Glanz sind, daß wir uns noch lange später mit nostalgischer Wehmut an sie erinnern – und wir kennen die dunklen Jahre, in denen unsere Gefühle und unser Glück auf Eis zu liegen scheinen und sehnsüchtig darauf warten, vom ersten Sonnenstrahl des jungen Frühlings erweckt zu werden.

Trotz dieser allgegenwärtigen und unbestreitbaren Erfahrung, daß es Zeiten von unterschiedlicher Qualität gibt, haben sich Menschen ein Erziehungs-, Berufs- und Gesellschaftssystem geschaffen, das darauf abzielt, daß jeder Tag, jedes Jahr in etwa gleich abläuft. Kalender, Stundenpläne, Fahrpläne, Arbeitspläne, Hausordnungen legen uns nahe, daß wir im Gleichmaß wie ein einmal aufgezogenes Uhrwerk zu funktionieren hätten. Oftmals schwimmen wir deshalb verzweifelt gegen die mannigfachen inneren und äußeren Strömungen an. Bis sich schließlich im Tod alle Pläne und Strukturen auflösen und vom großen Meer weggespült werden wie trotzig von Kinderhand errichtete Sandburgen.

Persönlichkeits-Feng-Shui kann bei richtigem Gebrauch in unserem Leben vieles bewirken

Wenn Sie meine Beobachtungen teilen und in Ihrem Alltagsleben ähnliche Erfahrungen gemacht haben, dann wissen Sie bereits, wozu Sie Persönlichkeits-Feng-Shui brauchen. Was auch immer Sie bewogen hat, ein Buch mit diesen beiden fremdartig klingenden Silben auf dem Titel in die Hand zu nehmen – Sie haben gut gewählt. Denn Persönlichkeits-Feng-Shui kann bei richtigem Gebrauch in Ihrem Leben einiges bewegen. Persönlichkeits-Feng-Shui, die **Lehre von den 9 Sternen**, den 9 beherrschenden kosmischen Kräften im Universum, ist eine östliche Variante dessen, was wir im Westen gewöhnlich unter Astrologie verstehen. Es bestehen aber auch Parallelen und Querverbindungen zu der im deutschsprachigen Raum mittlerweile populären chinesischen Wohnkunst *Feng Shui*. Beide Systeme basieren auf dem chinesischen *I Ging*, dem wahrscheinlich ältesten erhaltenen Weisheitsbuch der Erde.

In den letzten Jahren hat das stark gewordene Interesse zahlreiche Weisheitssysteme und Selbsthilfetechniken aus China und Japan nach oben gespült, die allgemein bekannt und populär geworden sind: unter anderem *Tai Chi, Shiatsu, Zen, Traditionelle Chinesische Medizin* und eben *Feng Shui*. Ich halte das für einen Segen, denn die fernöstlichen Geisteserzeugnisse strahlen auch noch in populärer Darbietung eine stille Weisheit und Tiefe aus, die für den aufgewühlten Geist des Westlers unendlich heilsam sein kann. Es ist erstaunlich, aber vielleicht ein Zeichen höherer Weisheit der Vorsehung, daß sich Persönlichkeits-Feng-Shui nun offenbar als letztes der großen traditionellen Systeme des Ostens seinen Weg ans Licht der westlichen Öffentlichkeit zu bahnen beginnt. Vielleicht mußte für den an östliches Denken nicht gewöhnten europäischen Geist erst der Boden bereitet werden, in welchem die Schönheit und Tiefe von Persönlichkeits-Feng-Shui nun Wurzeln schlagen und Blüten treiben kann. Ich bin zuversichtlich, daß die Astrologie der 9 Sterne auf dem schnellebigen Buchmarkt jene fortdauernde

Aufmerksamkeit auf sich ziehen wird, die seiner geistesgeschichtlichen Bedeutung und seinem beachtlichen praktischen Nutzen angemessen ist.

Ich wünsche allen meinen Leserinnen und Lesern, daß dieses Buch ihnen hilft, den Kampf auf den drei von mir anfangs erwähnten Fronten endlich und mit einem Lächeln aufzugeben. Ich hoffe, daß Sie endlich Frieden schließen können – mit sich selbst, mit Ihrem Nächsten und mit dem wechselhaften, aber keineswegs unerforschlichen Lauf der Zeit.

Persönlichkeits-Feng-Shui vermittelt uns etwas von der Weisheit des Bambus

Die abgeklärte Weisheit des östlichen Menschen gleicht eher dem Verhalten des Bambusrohrs aus Jean de la Fontaines Fabel: jenes Rohres, das sich vor dem Wind biegt, um nicht von ihm zerstört zu werden, während der trotzige Eichbaum so lange Widerstand leistet, bis ihn der Sturm erfaßt und entwurzelt hat.

Persönlichkeits-Feng-Shui vermittelt Ihnen etwas von der Weisheit dieses Bambus und möchte Ihnen damit viele der kleinen und großen Reibungsverluste ersparen, die ein Leben ohne ein Wissen über die Wirksamkeit der kosmischen Kräfte unvermeidlich mit sich bringt. Sie müssen nicht jegliche Spontaneität Ihres Handelns aufgeben, falls Ihnen die Weisheit des Herzens einmal näher steht als die penible Beachtung von Persönlichkeits-Feng-Shui-Zeittabellen; aber Sie halten mit der Lehre der 9 kosmischen Kräfte ein Beratungsangebot in Händen, das Sie nutzen können, wann immer Sie glauben, daß planvolles, vorausschauendes Handeln für ihr Leben wichtig sein könnte.

Auch müssen Sie nicht damit aufhören, mit Geduld und Augenmaß nach der in diesem einen Leben möglichen Vollkommenheit zu streben. Sie werden sich jedoch nach der Lektüre dieses Buches vielleicht leichter der Erkenntnis öffnen, daß es für jeden Menschen ein eigenes, nur ihm selbst erreichbares Bild von Vollkommenheit gibt. Wenn Sie eine Rose sind, können Sie bei guter Pflege und Düngung, bei richtig gewähltem Standort und günstigem Wetter zwar eine voll erblühte, wunderschöne, der Sonne entgegenlachende Rose werden; Sie können jedoch niemals eine Tulpe oder eine Lilie sein. Das Streben nach voller Entfaltung der eigenen Möglichkeiten ist Mut, die Einsicht in die Grenzen dieses Strebens ist Weisheit; Möglichkeiten und Grenzen anderer Menschen richtig einzuschätzen und akzeptieren zu lernen ist – Liebe. In diesem Sinne wünsche ich Ihnen viel Freude und Bereicherung in der Arbeit mit Persönlichkeits-Feng-Shui.

Roland Rottenfußer, Februar 1999

Was ist Persönlichkeits-Feng-Shui?

Herkunft und geistige Wurzeln der 9-Sterne-Astrologie

Bausteine des Kosmos: *Yin* und *Yang* und die Trigramme des *I Ging*

Persönlichkeits-Feng-Shui ist untrennbar mit dem „I Ging – dem großen Buch der Wandlungen" verbunden

Die Ursprünge von Persönlichkeits-Feng-Shui verlieren sich im Dunkel der Vorzeit. Es widerstrebt mir selbst, den Wißbegierigen mit einer solch vagen Auskunft abzuspeisen. In Wahrheit entspringt dies jedoch der notwendigen Einsicht in die Grenzen der bisherigen Geschichts- und Kulturwissenschaften.

Man hat Persönlichkeits-Feng-Shui stets in engem Zusammenhang mit dem rätselhaften Orakelbuch *I Ging* gesehen, das auch das „Buch der Wandlungen" heißt. Manche halten es für das älteste erhaltene Buch der Menschheit, älter also als die Bibel und *Lao Tses* Hauptwerk, die berühmte Weisheitensammlung *Tao Te King*. Die bekanntesten Lehrer des alten China, *Lao Tse* und *Kung Fu Tse (Konfuzius)*, so heißt es, hätten ihrerseits aus der noch älteren Quelle des *I Ging* geschöpft. Sie haben offensichtlich am System seiner kosmischen Weltdeutung mitgebastelt und es – wie viele andere weise Männer nach ihnen – durch ihren eigenen Erfahrungsschatz bereichert.

Einheit in der Polarität: *Yin* und *Yang*

Wenn wir dem Geheimnis des *I Ging* auf die Spur kommen wollen, müssen wir bei Adam und Eva anfangen, östlich ausgedrückt: bei *Yin* und *Yang*. Diese Begriffe sind heute im Westen so geläufig, daß wir – vielleicht etwas voreilig – meinen, sie schon gut zu kennen. Dennoch erscheinen mir zur Verdeutlichung einige Vorbemerkungen sinnvoll:

Yin und *Yang* sind zwei polare (gegensätzliche) Energien, die nach der chinesischen Philosophie ursprünglich aus der einen, alles durchdringenden Energie, Chi genannt, hervorgegangen sind. Die Polarität von *Yin* und *Yang* durchzieht nach chinesischer Vorstellung **alle** Erscheinungen der materiellen wie der abstrakt-begrifflichen Welt.

Yin	*Yang*
weiblich	männlich
passiv	aktiv
Nacht	Tag
Erde	Himmel
dunkel	hell
moll	dur
Expansion	Kontraktion
basisch	sauer
Phantasie	Intellekt
Mond	Sonne
Wasser	Feuer
Kälte	Hitze
negativ	positiv

Yin und Yang, zwei vertraute Begriffe – und zugleich Meilensteine auf einem langen Weg zum Begreifen

Man könnte die nebenstehende Tabelle noch durch unendlich viele Beispiele erweitern, aber das Grundprinzip wird deutlich. Wichtig ist es, anzumerken, daß Polarität von den Chinesen nicht negativ aufgefaßt wird, etwa als ein ewiger Krieg der Geschlechter. Während für westliches Denken die Spaltung des Menschen in Mann und Frau den Sündenfall, die Vertreibung aus dem Paradies nach sich zog, stand für die Weisen des Ostens immer der Aspekt der **harmonischen Ergänzung** der Gegensätze im Mittelpunkt. Wie das weltberühmte *Yin/Yang*-Symbol bei näherer Analyse enthüllt, hat jenes Gleichgewicht der extremen Gegensätze folgende grundlegende Eigenschaften:

- *Yin* und *Yang* haben den **einen** Ursprung (Chi) und sind daher bei tieferer Betrachtung eins.
- Wenn *Yin* zunimmt, nimmt *Yang* in gleichem Maße ab, und umgekehrt.
- In der Realität kommen *Yin* und *Yang* nie unvermischt, in reiner Ausprägung vor. Jedes *Yin* trägt zumindest einen winzigen Keim des *Yang* in sich, und umgekehrt.
- *Yin* und *Yang* sind nie statisch; sie wechseln einander in gleichmäßiger Wellenbewegung ab (Beispiele: Atembewegung, Wechsel von Tag und Nacht). Wenn *Yin* auf seinem Höhepunkt angelangt ist, beginnt sein Abstieg und zugleich der Aufstieg von *Yang*.
- Im „Reich der Mitte“ wird traditionell der Goldene Mittelweg als der erstrebenswerte Ausgleich zwischen den Gegensätzen betrachtet. Niemand sollte sich so sehr auf die Seite von *Yin* schlagen, daß er dabei *Yang* vernachlässigt – oder umgekehrt. Andererseits darf nicht erwartet werden, daß das einmal erreichte Gleichgewicht für immer aufrechtzuerhalten wäre. Der Mensch muß sich der Wellenbewegung des *Yin/Yang*-Wechselspiels anpassen, auf der anderen Seite aber extreme Ausfälle nach der einen oder anderen Seite zu vermeiden suchen.

Alle Dinge, so der Kern der chinesischen Weisheit, sind durch *Yin* und *Yang* in ihren unterschiedlichen Ausprägungen und Mischverhältnissen geschaffen. Zwischen Schwarz *(Yin)* und Weiß *(Yang)* gibt es unendlich viele Grautöne, wie es zwischen Mittag und Mitternacht unendlich viele Abstufungen des Dämmerns und Hellerwerdens gibt. So wie die potentiell unbegrenzten Möglichkeiten der Computertechnik auf dem einfachen Binär-Code von Ja und Nein, 0 und 1 beruhen, so ist die ganze Welt nach chinesischer Auffassung aus dem „Binär-Code“ von *Yin* und *Yang* aufgebaut.

Strichcode des Lebens: Das *I Ging*

In den acht Trigrammen drücken sich die Urenergien des Lebens aus

Zwischen den Zweien *(Yin und Yang)* und den Unendlich Vielen gibt es jedoch viele wichtige Zwischenstufen: Wenn wir je drei Ja-Nein-Entscheidungen zu einer Informationseinheit zusammenfügen, so erhalten wir mit mathematischer Genauigkeit acht mögliche Dreiergruppen, die die Chinesen **Trigramme** nennen.

Die Chinesen erfanden für diese acht Möglichkeiten einen Strichcode, indem sie *Yang* durch eine durchgehende (starke), *Yin* dagegen durch eine unterbrochene (schwache) Linie symbolisierten. Den so geschaffenen acht Trigrammen gaben sie poetische Namen, die in einer inneren Verbindung zu ihrer wesentlichen Bedeutung standen. Dreimal *Yang*, die am stärksten männliche, aktive, schöpferische Energie, nannten die Weisen den **Himmel**; das genaue Gegenteil davon, dreimal *Yin*, also das weibliche, empfangende, passive Prinzip, nannten sie **Erde**. Dazwischen lagen **Wind**, **Feuer** und **See**, die näher beim Himmel liegen (zweimal *Yang*, einmal *Yin*), sowie **Donner**, **Wasser** und **Berg**, die eher der Erde zugeneigt sind (zweimal *Yin*, einmal *Yang*).

unten	*mitte*	*oben*	*Name*	*Symbol*
Yang	Yang	Yang	Himmel	☰
Yin	Yang	Yang	Wind	☴
Yang	Yang	Yin	See	☱
Yang	Yin	Yang	Feuer	☲
Yin	Yang	Yin	Wasser	☵
Yin	Yin	Yang	Berg	☶
Yang	Yin	Yin	Donner	☳
Yin	Yin	Yin	Erde	☷

Der Aufbau der acht Trigramme, die von unten nach oben gestaltet werden

Diesen acht Trigrammen wurden in der Folge eine Fülle von Eigenschaften zugeordnet, die sie zu exemplarischen Urbildern menschlicher Charaktereigenschaften, aber auch der Merkmale der den Menschen umgebenden Welt machten. Die chinesischen Weisen stellten sich die acht Trigramme als Urenergien vor, die – ähnlich den platonischen Ideen – schon **vor** jeder materiellen Sichtbar-Werdung vorhanden waren. Diese Energien durchdringen die materiellen Formen und drücken sich in ihnen aus. So wie Wind, Feuer und Wasser auf unterschiedliche, jeweils ganz eigene Art auf einen Stapel Papier einwirken und in ihm ihre Spuren hinterlassen. Der Wind wird das Papier durcheinanderwirbeln, das Wasser wird es durchtränken und aufweichen, das Feuer wird es zu Asche verbrennen. Wind, Wasser und Feuer **sind** nicht das Papier; sie **formen** und **bilden** vielmehr seine sichtbare Gestalt. Die Urkräfte sind ihrem Wesen nach älter als die materiellen Dinge, sind ihnen gleichsam vorgeschaltet und sind doch – oder gerade deshalb – nicht weniger real als beispielsweise das Papier.

Die 9 Chi-Typen entsprechen den grundlegenden Energien, wie sie bereits im I Ging beschrieben sind

Individuelle Menschen wie Sie und ich gleichen in gewisser Weise diesem Stapel Papier: Sie können in ihrem Charakter die Prägung durch Wind, durch Wasser oder durch Feuer erkennbar machen (oder, was bildlich weniger gut zu vermitteln ist, die Prägung durch Himmel, Erde, Berg, Donner oder See).

Wie haben wir uns nun einen Feuer-Menschen, einen Donner-Menschen oder einen Berg-Menschen vorzustellen? Mit dieser Frage sind wir schon auf dem Weg zu einem Hauptarbeitsbereich von Persönlichkeits-Feng-Shui, das nicht zuletzt auch eine Astrologie der verschiedenen Menschentypen ist. Natürlich handelt es sich dabei um **geistige** Kräfte, die mit dem echten Feuer, Donner oder Berg nicht identisch sind; dennoch sind diese acht symbolischen Bezeichnungen, die der Beobachtung der Natur entnommen sind, nicht zufällig gewählt. Ein Feuer-Mensch kann „erleuchtend" sein, ein Donner-Mensch polternd, ein Berg-Mensch ein wenig starr.

Doch wir werden uns mit den Persönlichkeits-Feng-Shui-Menschentypen noch eingehend beschäftigen. Bleiben wir zunächst noch ein wenig beim *I Ging*. Die Chinesen haben den acht grundlegenden Energien, symbolisiert durch die acht Trigramme, verschiedene Eigenschaften und Analogien aus allen Lebensbereichen zugeordnet. Eine kleine Auswahl davon kann dieTabelle auf der gegenüberliegenden Seite (oben) vermitteln.

Wenn wir die in der Tabelle fett gedruckten Eigenschaften näher betrachten, so bekommen wir bereits wertvolle Hinweise auf die geistige Bedeutung der Trigramme. Wir erhalten auch eine erste, vage Vorstellung davon, wie ein Himmel-Mensch, ein Wind-Mensch usw. wohl beschaffen sein könnten.

Bezeichnung	Trigramm	Himmels-richtung	Jahreszeit	Farbe	Bewußtseins-ebenen	Bedeutung	Menschl. Eigenschaft	Zahl
Himmel	☰	Nordwesten	Spätherbst	weiß	Gewahrsein	Das Schöpferische	Die Erneuerung	6
Wind	☴	Südosten	Frühsommer	dunkelgrün	Empfindung	Das Sanfte	Die Durchdringung	4
See	☱	Westen	Herbst	silber	Fühlen	Das Heitere	Die Gelassenheit	7
Feuer	☲	Südosten	Sommer	rot	Denken	Das Haftende	Die Bewußtheit	9
Wasser	☵	Norden	Winter	blau	Seele	Das Abgründige	Der Instinkt	1
Berg	☶	Nordosten	Vorfrühling	braun	Körper	Das Stillehalten	Die Beharrlichkeit	8
Donner	☳	Osten	Frühling	hellgrün	Geist	Das Erregende	Die Aktivität	3
Erde	☷	Südwesten	Hochsommer	gelb	Wollen	Das Empfangende	Die Offenheit	2

Zunächst will ich aber noch auf einen anderen Aspekt der Tabelle eingehen: Die Zuordnung der acht Trigramme zu den acht Himmelsrichtungen erlaubt uns eine einfache graphische Darstellung (siehe Zeichnung rechts):

Norden und Süden, Osten und Westen sind auf dieser Graphik entgegen unserer Gewohnheit vertauscht; dies ist eine traditionell-chinesische Festlegung, an die wir uns halten und gewöhnen müssen, um nicht das ganze System vom Kopf auf die Füße zu stellen. Wenn wir den Himmelsrichtungen anhand der Tabelle nun die Trigramme und die dazugehörigen Zahlen zuordnen, erhalten wir folgende erweiterte Graphik (siehe Zeichnung rechts unten):

Ihnen wird aufgefallen sein, daß hier unter den genannten Grundzahlen die 5 fehlt. Es ist naheliegend, diese Zahl an die leere Stelle in die Mitte des Quadrats zu setzen. Die Zahl erscheint dort reichlich vereinsamt, da ihr kein Trigramm und keine Eigenschaften zugeordnet sind. Mit der 5 hat es, wie wir noch sehen werden, tatsächlich eine ganz besondere Bewandtnis. Es gibt auch 5-Menschen, ebenso wie es Feuer- und Wasser-Menschen gibt. – Und bei diesen Menschen ist es natürlich nicht so, daß sie **keine** Eigenschaften hätten.

Doch mit diesen Überlegungen verlassen wir bereits den Boden des *I Ging* und befinden uns auf dem Weg zum Persönlichkeits-Feng-Shui.

Das so entstandene magische Quadrat, chinesisch auch *Lo Shu* genannt, bildet das geistige Fundament der Persönlichkeits-Feng-Shui-Astrologie, der Persönlichkeits-Feng-Shui-Geoman-

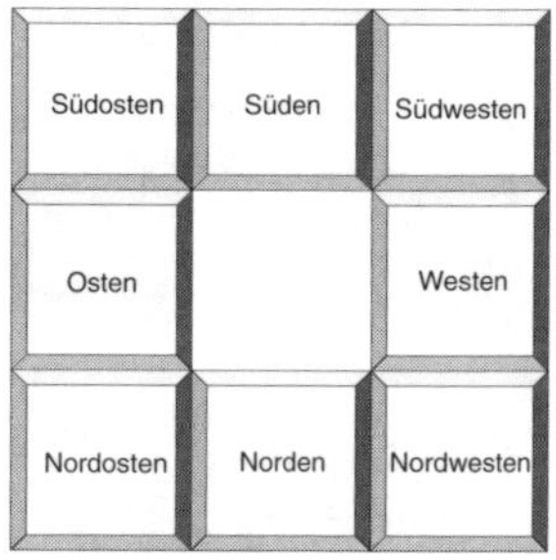

Die Zuordnung der acht Chi-Energien zu den Himmelsrichtungen

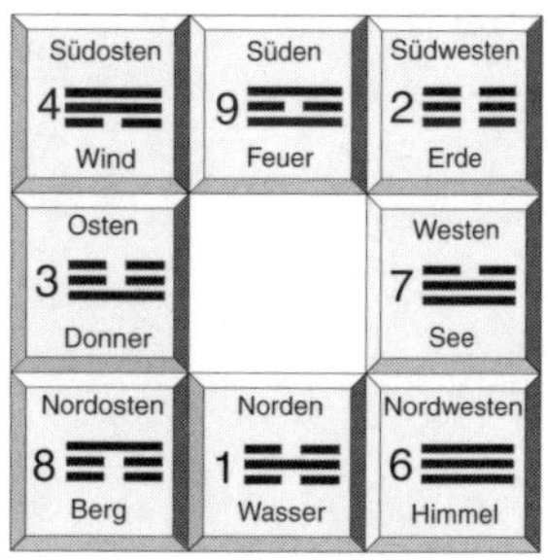

Chi-Energien, Himmelsrichtungen und Trigramme im Überblick

4	9	2
3	5	7
8	1	6

Dieses Quadrat wird Sie durch das ganze Buch hindurch begleiten – als Grundlage für die Chi-Typen

tik und wie im übrigen auch des *Feng Shui* als Wohnkunst, wie manche damit vertrauten Leser bemerkt haben werden.

Um das Thema *I Ging* abzuschließen, nun noch etwas zum Thema Orakel. Viele meiner Leserinnen und Leser werden gehört haben, daß es sich beim *I Ging* um ein System handelt, um die Zukunft vorauszusagen. Vielleicht haben Sie auch gehört, daß dazu normalerweise geheimnisvolle Stäbchen oder Karten verwendet werden. Die Feinheiten des *I Ging* können nicht Gegenstand meines Buches sein. Nur soviel:

Beim *I Ging* werden aus den acht bekannten Trigrammen (jeweils drei Linien, stark oder schwach) durch Hinzufügen von weiteren drei Linien sogenannte **Hexagramme** gebildet (die griechische Silbe „hexa" bedeutet „sechs"). Wir können z. B. die drei Linien des Trigramms Feuer mit den drei Linien des Trigramms Wasser kombinieren und erhalten so Feuer-Wasser. Ebenso gibt es die Kombinationen Feuer-Erde, Feuer-Donner, Donner-Wasser, Berg-See usw. Da jedes Trigramm mit jedem kombiniert werden kann, gibt es insgesamt 8 x 8 = 64 mögliche Hexagramme. Jedem dieser Hexagramme werden nun – wie den Trigrammen – bestimmte Eigenschaften zugewiesen. Man kann aus den ausführlichen Beschreibungen der 64 Hexagramme Zukunfts- und Schicksalsdeutungen für jeden Menschen zu jedem beliebigen Zeitpunkt ableiten. Dies geschieht z. B., indem der Fragesteller zweimal hintereinander eine von 8 Karten mit aufgedrucktem Trigramm zieht, diese zu einem Hexagramm zusammenfügt und anschließend in einem Deutungsbuch nachschlägt, was ihm diese Karten zu sagen haben.

Wer sich näher damit beschäftigen möchte, dem empfehle ich das hervorragende Buch von René van Osten: *Das große I Ging Lebensbuch* (siehe Empfehlung für weiterführende Literatur im Anhang).

Spurensuche zu den Wurzeln des Persönlichkeits-Feng-Shui

Das I Ging gilt als die Mutter des Persönlichkeits-Feng-Shui

Persönlichkeits-Feng-Shui und *I Ging* haben sich stets gegenseitig befruchtet, so daß die Frage, welches der beiden Systeme früher da war, ebenso schwer zu beantworten ist wie die nach der Henne und dem Ei. Einer alten Legende nach geht Persönlichkeits-Feng-Shui auf eine Vision des Kaisers *Wu* (etwa 2000 vor Christus) zurück. Er erblickte die 9 Kammern, die später zur Basis des aus neun Feldern bestehenden magischen Quadrates werden sollten, auf dem Rückenpanzer einer Schildkröte. Eine zentrale Fläche – von acht angrenzenden Flächen umgeben. Auch glaubte *Wu* innerhalb der Kammern geheimnisvolle Zeichen zu entdecken, aus deren Interpretation er ein System zur Deutung der Welt und des menschlichen Schicksals entwickelte.

Wir müssen uns nicht wundern, wenn in der chinesischen Überlieferung die mächtigsten Männer des Landes immer zugleich auch die weisesten waren – im krassen Gegensatz zu unseren Erfahrungen aus der Gegenwart. Es handelt sich um Legenden, deren wahrer Kern vielleicht darin liegt, daß jenes System in der **Regierungszeit** des Kaiser *Wu* entstand. Dienstbeflissen schrieben die Hofhistoriker alle bahnbrechenden Neuerungen, die vielleicht einer ganzen Gruppe von Weisen zu verdanken sind, der einen Person des Kaisers zu.

Eine andere Quelle des Persönlichkeits-Feng-Shui ist die berühmte Karte des Flusses *Lo*. Es handelt sich um zwei schlichte waagrechte Linien, die von zwei weiteren, senkrechten Linien geschnitten werden. Daraus ergeben sich auf natürliche Weise neun Flächen: eine zentrale und acht weitere, die darum gruppiert sind. Stellt man sich dieses einfache Muster als Landkarte vor, so handelt es sich um einen einfachen Flächenbebauungsplan, eine ebenso primitive wie geniale Möglichkeit, ein Grundstück in 9 Abschnitte zu unterteilen, wobei jedes von der Mitte her leicht zugänglich ist. Man kann sich das Haus des Bauern – die leitende Autorität, das „Gehirn" des landwirtschaftlichen Betriebes – im mittleren Grundstück denken. Auf größere Einheiten, etwa Gesellschaftssysteme übertragen, wäre die Mitte die Hauptstadt mit dem Kaiser oder Herrscher, der zu jedem Abschnitt seines Reiches einen gleich großen Abstand hat und sie somit optimal überblicken kann.

Damit war auch eine grundlegende Möglichkeit zur Deutung der neun Kammern gegeben: Sie symbolisierten die vier Haupt-

Die Spurensuche nach den Ursprüngen des magischen Quadrates führt in die Klöster Tibets

himmelsrichtungen, die vier Zwschenhimmelsrichtungen (Nord-Ost, Süd-West usw.) sowie die Mitte als Ausgangspunkt des Betrachters.

Aus der Karte des Flusses *Lo* wurde mit der Zeit *Lo Shu,* das magische Quadrat, dessen neun Grundzahlen so geordnet waren, daß jede denkbare Reihe von drei Zahlen darin die Summe 15 ergab. Nun mußte man die neun abstrakten Zahlen nur noch mit Sinn erfüllen, und dafür lieferten die 8 Trigramme des *I Ging* das nötige Material. Man weiß nicht genau, wann das *Lo Shu* erstmals dazu benutzt wurde, menschliche Charaktereigenschaften zu deuten oder die Zukunft vorherzusagen. Eine der ersten wissenschaftlich einwandfrei belegten Spuren für die Geschichte des magischen Quadrates führt uns in die Klöster Tibets, wo im sogenannten *Sung*-Almanach (entstanden im 10. Jahrhundert n. Chr.) wichtige Fragmente des *Lo Shu* entdeckt wurden.

Von China aus muß sich Persönlichkeits-Feng-Shui also auch in andere fernöstliche Regionen weiterverbreitet haben. In der Form, in der ich es heute zu übermitteln versuche, folgt Persönlichkeits-Feng-Shui einer Überlieferungslinie, die von China nach Japan führt. Wir wissen nicht, wie die Weisheitslehre den geographisch isolierten Inselstaat Japan erreichen konnte, müssen aber von einer Weiterverbreitung über seefahrende Händler und Reisende ausgehen. Wir haben es also mit einer Vermischung chinesischer und japanischer Kultureinflüsse zu tun, was manchmal zu Begriffsverwirrungen führen kann. Man kennt das System auch unter dem Namen 9-Sterne-*Ki*, wobei *Ki* der japanische Name für die universelle Lebenskraft Chi ist. Wir kennen diese Silbe aus vielen Wortbildungen wie dem chinesischen *Tai* Chi, *Chi Gung* (bekannter in der Schreibweise *Qi Gong*) sowie dem japanischen *Aikido.*

Ein *Feng Shui* der Persönlichkeitsdeutung

Persönlichkeits-Feng-Shui und das Feng Shui der Wohnraumgestaltung sind gewissermaßen Geschwister

Ich habe dieses Buch nicht umsonst **Persönlichkeits-*Feng-Shui*** genannt. Persönlichkeits-Feng-Shui und die bekannte Kunst der Wohnraumgestaltung *Feng Shui* sind in gewisser Weise geistige Geschwister, wobei heute kaum mehr nachzuvollziehen ist, welches davon das Erstgeborene ist. Beide Systeme gehen auf die selben geistigen Wurzeln zurück: Die Lehre von den fünf Elementen und das Quadrat der neun Chi-Kräfte, die wiederum den Trigrammen des *I Ging* entstammen.

Man könnte es auch so ausdrücken: Persönlichkeits-Feng-Shui beantwortet mit den **selben** geistigen Werkzeugen **andere** Fragen als *Feng Shui*. Zwischen beiden herrscht eine Art Arbeitsteilung: Persönlichkeits-Feng-Shui fragt eher nach der Wirksamkeit der Chi-Kräfte innerhalb der menschlichen Persönlichkeit und im zwischenmenschlichen Bereich, während sich *Feng Shui* eher auf deren Zusammenspiel in der menschlichen Lebensumwelt spezialisiert hat. Persönlichkeit und Lebensumwelt sind jedoch keine scharf voneinander getrennten Bereiche; sie spiegeln und beeinflussen einander gegenseitig, weshalb eine erfolgreiche Anwendung von Persönlichkeits-Feng-Shui immer auch zu mehr Harmonie im Wohnumfeld, sachgerechter Umgang mit *Feng Shui* andererseits zu einer harmonischeren Persönlichkeit führen kann. Wer beide Künste beherrscht, hat sicher optimale Bedingungen für sein Lebensglück geschaffen, denn es kann einem solchen zweifachen Meister nicht passieren, daß Dilettantismus in der einen Kunst die redlichen Bemühungen in der anderen Kunst zunichte macht.

Persönlichkeits-Feng-Shui fragt nach der Wirksamkeit der Chi-Kräfte innerhalb der Persönlichkeit und nach ihren Beziehungen zu anderen

Feng Shui ist hauptsächlich als Einrichtungskunst bekannt geworden, obwohl sich die Bedeutung dieses Systems natürlich keineswegs in Möbelrücken oder dem Aufhängen von Glaskristallen und Glockenspielen erschöpft. Wenn man etwas tiefer blickt, erkennt man, daß *Feng Shui* die Lehre von der Verteilung qualitativ unterschiedlicher Energien im Raum ist. Bei diesen Energien handelt es sich im Prinzip um die selben neun kosmischen Kräfte, wie wir sie im magischen Quadrat des Persönlichkeits-Feng-Shui vorfinden.

Auch den bekannten Fünf Elementen begegnen wir in beiden Systemen. Sie steuern im *Feng Shui* zum Beispiel das Zusammenspiel der Farben bei der Möbel- und Tapetenwahl oder die gegenseitige Verträglichkeit von Wasserelementen (Spüle, Toilette, Bad) und Feuerelementen (Herd, Kamin, Heizung) in einer Wohnung. Im Persönlichkeits-Feng-Shui wird parallel dazu das Zusammenspiel und die gegenseitige Verträglichkeit von verschiedenen menschlichen Charaktereigenschaften beschrieben. Man kann die menschliche Persönlichkeit auch bildhaft als Wohnung mit verschiedenen Räumen und mehr oder weniger harmonisch aufeinander abgestimmten Gestaltungselementen auffassen. Andererseits stellt jede Wohnung in gewisser Weise einen eigenen Charakter mit einem mehr oder weniger harmonischen Gemisch von Eigenschaften dar.

Feng Shui hat es in der Esoterik-Szene und auch bei einer breiteren Öffentlichkeit innerhalb weniger Jahre zu großer Popularität gebracht. Völlig zu Recht, denn Energielenkung innerhalb des alltäglichen menschlichen Wohnumfelds hat im Leben vieler Menschen ein großes Maß an Bereicherung, Verschönerung und Erleichterung bewirkt.

Ein geheimnisvolles Zusammenspiel aus unveränderlichen Schicksalsfaktoren und menschlicher Gestaltungsfreiheit

Weniger gerechtfertigt erscheint mir die Tatsache, daß Persönlichkeits-Feng-Shui bis heute das Stiefkind in der großen Familie fernöstlicher Weisheitssysteme geblieben ist. Vielleicht liegt es auch daran, daß *Feng Shui* dem einzelnen viel Gestaltungsspielraum im Detail zugesteht – ihm somit ein Gefühl von Macht über sein Schicksal gibt. Persönlichkeits-Feng-Shui erweckt dagegen bei oberflächlicher Betrachtung den Eindruck, als ginge es hier nur darum, sich seinem Schicksal – zum Beispiel seinem durch die Geburt bestimmten Persönlichkeitstyp – willenlos zu fügen. Aber wie gesagt ist dies nur eine sehr oberflächliche Betrachtungsweise. In Wahrheit handelt es sich bei beiden Weisheitssystemen um ein kompliziertes Zusammenspiel aus unveränderbaren Schicksalsfaktoren und menschlicher Gestaltungsfreiheit. Eine nähere Betrachtung des astrologischen Aspekts von Persönlichkeits-Feng-Shui wird darüber mehr Klarheit schaffen.

Persönlichkeits-Feng-Shui als astrologisches System

Persönlichkeits-Feng-Shui und „Japanische Astrologie“ haben einiges gemeinsam

Manche Leser werden sich unter einem System fernöstlicher Astrologie etwas anderes vorstellen. Vielleicht haben Sie auch schon einmal von einer chinesischen Astrologie gehört, die mit seltsamen, für Menschen wenig schmeichelhaften Tiernamen wie Affe, Ratte oder Drache arbeitet. Diese Form der Astrologie gibt es im Westen sogar schon als regelmäßig erscheinendes Zeitschriften-Horoskop. Mir liegt aber daran, festzustellen, daß es sich bei dieser Form der Astrologie um ein **anderes**, von Persönlichkeits-Feng-Shui verschiedenes System handelt. Während sich in China die populäre chinesische Astrologie mit ihren 12 Tierzeichen Ratte, Büffel, Tiger, Hase, Drache, Schlange, Pferd, Ziege, Affe, Hund, Hahn und Schwein durchgesetzt hat, ist Persönlichkeits-Feng-Shui trotz unübersehbarer chinesischer Einflüsse heute eher als **japanische Astrologie** bekannt. Zwischen beiden Systemen gibt es gewisse Ähnlichkeiten und Überschneidungen, auf die ich aber in diesem Buch nicht eingehen möchte, um Sie nicht unnötig zu verwirren.

Warum gilt Persönlichkeits-Feng-Shui aber als ein astrologisches System? Gibt es auch hier Planeten, Häuser oder Horoskope? Zunächst zur Frage der Planeten: Die Astronomen der alten Zeit stellten in der Neigung der Erdachse gegenüber dem Himmelshorizont minimale Schwankungen fest, die sie in neun Phasen unterteilten. Diese wissenschaftlich-**astronomische** Beobachtung zog damals immer auch **astrologische**, also für das Schicksal der Menschen bedeutsame Schlußfolgerungen nach sich. Die heute getrennten Bereiche Astronomie und Astrologie bildeten damals nämlich eine untrennbare Einheit. Man nahm an, daß mit dem veränderten Kippwinkel der Erdachse auch veränderte kosmische Einflüsse auf den Menschen wirkten. Für diese Einflüsse machte man 9 Sterne des nördlichen Himmels (oberhalb des Nordpols) verantwortlich: Den Polarstern, den Stern Vega sowie die sieben Sterne des Großen Bären. Daher kennt man Persönlichkeits-Feng-Shui auch als **Astrologie der 9 Sterne**.

Persönlichkeits-Feng-Shui kennt man auch als „Astrologie der 9 Sterne" oder „Nine Star Ki"

Natürlich waren auch die alten Astronomen nicht so naiv anzunehmen, daß der Polarstern, materiell gesehen nur ein monströser Gesteinsbrocken im All, die **Ursache** für unser irdisches Schicksal sei. Solche schlichten Vorstellungen stehen zu Recht im Ruf des Unseriösen und allzu Phantastischen. Vielmehr waren sich die Erfinder von Persönlichkeits-Feng-Shui (wenn es solche personifizierten Urheber denn überhaupt gab) eines fundamentalen Gesetzes bewußt, das die Grundlage von praktisch jedem esoterischen System darstellt: Der Mikrokosmos spiegelt sich im Makrokosmos wider, oder, wie die berühmte Formel des Hermes Trismegistos lautet: „Wie oben, so unten". Menschliches Schicksal und die Vorgänge am Sternenhimmel spiegeln einander wider und weisen untereinander Parallelen auf – weil beide nur materieller Ausdruck ein und derselben göttlichen Wirklichkeit sind.

Ist nun der Sternenhimmel **Ursache** menschlicher Erfahrung? Nein, kosmische und irdische Vorgänge gleichen zwei Schatten des selben Körpers, die von zwei verschiedenen Lichtquellen geworfen werden. Beide Schatten bewegen sich parallel zueinander und scheinbar koordiniert – jedoch nicht weil der eine Schatten die Ursache des anderen wäre, sondern weil beide Ausdruck des einen Körpers sind: So repräsentieren auch die irdischen Vorgänge die dahinterliegende, viel größere, viel farbenprächtigere, viel „wirklichere" Wirklichkeit der geistigen Welt.

Wie oben so unten, wie im Makrokosmos so im Mikrokosmos

Wir haben vergessen, wie tief und unlösbar unsere Verbindung zum Makrokosmos, zur uns umgebenden Natur und zum ganzen Universum ist. Wir sind vermeintliche Waisenkinder des Kosmos, die sich trotzig hinter ihrer selbstgeschaffenen Illusion der Getrenntheit verschanzen. Überheblich meinen wir, völlig unabhängig von den uns umgebenden Gesetzen und Rhythmen der Natur leben zu können. Wir sind kosmisch Gesetzlose, ohne es zu wissen, und wie alle Gesetzlosen erleiden wir die ganze Ungeborgenheit und Kampfesmühe des Outlaw-Daseins. Denn es gilt auch hier: Unwissenheit schützt nicht vor Strafe. Wenn wir es schaffen, uns wieder in Harmonie mit den herrschenden kosmischen Energien zu bringen, werden wir bald Erleichterung, Entlastung spüren. Dazu aber ist es zunächst nötig, den Gesetzestext zu studieren, sprich: die Grundregeln von Persönlichkeits-Feng-Shui zu erlernen. Darin liegt beim Persönlichkeits-Feng-Shui auch die Gestaltungsfreiheit des Menschen: Er kann sich dazu entschließen, das Gesetz zu studieren – oder nicht; er kann entscheiden, sich daran zu halten – oder nicht.

Wenn ich Persönlichkeits-Feng-Shui als ein astrologisches System bezeichne, so sind Vergleiche mit der westlichen Astrologie, die auf den Energien der 10 Planeten unseres Sonnensystems sowie auf den 12 Tierkreiszeichen des Zodiak beruhen, natürlich durchaus legitim. Sie können für Westler den Zugang zu diesem neuartigen Wissensgebiet sogar erleichtern – solange dadurch nicht das Verständnis für das charakteristisch Östliche an Persönlichkeits-Feng-Shui auf der Strecke bleibt.

Wie die westliche Astrologie bietet Persönlichkeits-Feng-Shui seinen Anwendern folgende Möglichkeiten:

- Es entwirft ein System von Charaktertypen mit klar voneinander unterschiedenen Eigenschaften. Jeder Mensch wird aufgrund seines Geburtszeitpunkts in eine der 9 (in der westlichen Astrologie: 12) Gruppen eingeordnet. Feinere Charakterbeschreibungen ergeben sich, indem man den Moment der Geburt noch genauer eingrenzt. Dem Anwender wird dadurch Selbsterkenntnis, das Wissen um tieferliegende Motive und Charakterströmungen ermöglicht – jenseits der Oberflächenmerkmale wie Nationalität, Beruf, Alter oder Familienstand.
- Persönlichkeits-Feng-Shui ermittelt für jeden Menschen die genaue Konstellation der herrschenden kosmischen Einflüsse zum Zeitpunkt der Geburt. Es zeigt auf, wie diese Prägung unser ganzes Leben durchzieht und über Erfolg und Mißerfolg mitentscheidet. Dies tut auch die westliche Astrologie.

- Persönlichkeits-Feng-Shui ermittelt die kosmischen Kräftekonstellationen für jeden Zeitpunkt in Vergangenheit, Gegenwart und Zukunft und ermöglicht dadurch Voraussagen über Chancen und Gefahren. Diese Voraussagen sind für jeden Charaktertyp individuell verschieden, worin auch die Stärke und Flexibilität beider astrologischer Systeme besteht. Der Mensch kann aufgrund der (östlichen oder westlichen) astrologischen Analyse gezielte Verhaltensänderungen einleiten, sein Schicksal somit bewußt steuern.

Neben diesen Gemeinsamkeiten gibt es natürlich auch frappierende Unterschiede, von denen einige erst im Laufe der weiteren Kapitel deutlich werden. Auffällig ist zunächst, daß die japanische Spielart der Astrologie weniger bildhaft erscheint – als ein etwas abstraktes, kühles Zahlenspiel. Die meisten von uns werden sich lieber als stolzen Löwen oder idealistischen Schützen präsentieren, anstatt eher unspektakulär als „Eins" oder „Sieben" tituliert zu werden. Auch fühlen wir uns lieber Gott Neptun mit Rauschebart, Krone und Dreizack zugeordnet als irgendeinem Platz auf jenem kargen Zahlen-Quadrat, das selbst die phantasiebegabtesten Zeitgenossen bestenfalls an eine viereckige Schokoladenmarke erinnern dürfte.

Dennoch: Das grobe Raster der 9 Zahlen läßt sich mit Sinn und Seele erfüllen. Daß dies möglich ist, möchte ich im weiteren Verlauf des Buches zeigen. Die Japaner gehen hier oberflächlich betrachtet etwas funktional vor. Das Universum erscheint ihnen als geschlossenes System perfekter Ordnung. Jedes Einzelteil hat seinen Platz im Gefüge des höheren Ganzen, kein kleinster Bestandteil dürfte fehlen oder anders sein – eine Qualität, die sonst nur den höchsten Schöpfungen des menschlichen Geistes zukommt: etwa dem Drama der alten Griechen oder einigen Musikstücken Mozarts.

Das magische Quadrat mit seinen neun Zahlen läßt sich mit Sinn und Seele füllen

Undenkbar, daß dieses System jemals eine Erweiterung oder Ergänzung erfahren könnte – etwa ein zehntes Haus, das man irgendwo beliebig anbauen könnte (in der westlichen Astrologie hat es eine solche Erweiterung durchaus schon gegeben: als die drei äußeren Planeten des Sonnensystems, Uranus, Neptun und Pluto, entdeckt wurden und man ihnen die schon bekannten 12 Tierkreiszeichen mehr oder weniger stimmig zuordnen mußte).

Das magische Quadrat hat eine innere Logik, die den Gedanken an jede Korrektur oder Nachbesserung schon im Keim erstickt. Das Quadrat des Persönlichkeits-Feng-Shui, das *Lo Shu*,

Das magische Quadrat ist ein kleines Kunstwerk aus Zahlen – mit fließenden Energien

ist ein kleines Kunstwerk aus Zahlen, gestochen scharf gezeichnet und bis ins Detail perfekt wie ein Eiskristall. Dennoch ist es bei weitem nicht so unlebendig wie das westlich-naturwissenschaftliche Weltbild des maschinenhaft funktionierenden Kosmos. Denn wir haben es im Persönlichkeits-Feng-Shui mit weich fließenden Energien zu tun, die – wie das wirkliche Leben – ständig in Bewegung sind. Energien, für die die 9 Zahlen mit ihren harten Konturen nur ein symbolisches Abbild darstellen.

Brauchen wir im Westen noch eine zweite Astrologie? Persönlichkeits-Feng-Shui ist ein funktionierendes System mit jahrhundertealter Tradition und einem ausreichenden Erfahrungsschatz an praktischen Erfolgen. Die westliche Astrologie ist ein anderes, davon unabhängiges funktionierendes System. Es wäre unsinnig, das eine pauschal als Humbug abzutun, dem anderen jedoch unbeschränkte Gültigkeit zuzuerkennen.

Beide Systeme sollten unabhängig voneinander praktiziert werden. Sie lassen sich weder mit einem Maß messen noch zusammenzwingen. Andererseits wird der, der das Glück hat, beide Spielarten der Astrologie zu beherrschen, immer ein Stück weiter oder tiefer blicken als der, der nur eine einseitige Ausbildung genossen hat. Östliche und westliche Astrologie können sich bei korrekter und differenzierter Deutung wunderbar ergänzen. Widersprüche, die sich an der einen oder anderen Stelle ergeben mögen, erweisen sich bei näherer Betrachtung oft als Widersprüche, die im Wesen der astrologisch analysierten Person selbst liegen.

Wenn wir nun nach diesen Betrachtungen auf unsere Eingangsfrage („Brauchen wir eine zweite Astrologie?") zurückkommen, so muß die Antwort natürlich „ja" lauten. Persönlichkeits-Feng-Shui erklärt vieles, was die westliche Astrologie nicht erfassen kann. Wenn Sie sich jemals gefragt haben, warum Ihr westliches Horoskop zwar einen Teil Ihrer Persönlichkeit recht gut beschreibt, andere, ebenso wichtige Eigenschaften aber völlig unter den Tisch fallen läßt, dann schlagen Sie mal Ihren *Persönlichkeits*-Typ ab Seite 35 nach. Vielleicht geht Ihnen dann ein Licht auf!

Die Keimzelle des Persönlichkeits-Feng-Shui

Das magische Quadrat und die 9 kosmischen Kräfte

Das leere Quadrat und das Zeichen des Brunnens

Das Quadrat gehört zu den einfachsten geometrischen Formen. Zwar symbolisiert es die göttliche Vollkommenheit nicht so anschaulich wie der Kreis (der als Rahmen des berühmten *Yin/Yang*-Zeichens ebenfalls Eingang in die östliche Symbolik gefunden hat), ist aber weit einfacher zu handhaben und zu berechnen. Das Quadrat entsteht einfach, indem man eine Strecke mit sich selbst multipliziert. Schon das leere Quadrat ist somit ein faszinierendes Phänomen, das größtmögliche Einfachheit mit Harmonie verbindet. Es ist der materielle, eher lebenspraktische Abglanz jener göttlichen Vollendung, für die der Kreis steht.

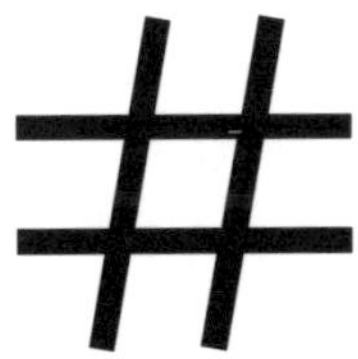

Kennen Sie jenen einfachen Intelligenztest, der darin besteht, mit nur 4 Strichen 9 voneinander abgegrenzte Flächen zu schaffen? Das Ergebnis ist ein Doppelkreuz. Es schafft auf natürliche Weise ein zentrales Quadrat, das von 8 weiteren Quadraten an den Rändern umgeben wird. Ich habe schon erwähnt, daß dieses einfache Doppelkreuz im Alten China unter dem Namen **Karte des Flusses *Lo*** auf eine lange Tradition zurückblicken kann.

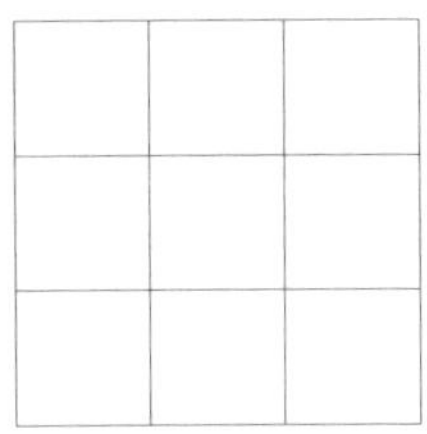

Es gibt auch ein chinesisches Schriftzeichen, das diesem Doppelkreuz gleicht. Es heißt *Gua* und bedeutet „Brunnen".

Chinesische Schriftzeichen haben häufig einen durchaus bildhaften Ursprung. So kann man bei *Gua* an ein Loch denken (mittleres Quadrat), das von einem Brunnenrand (die acht äußeren Quadrate) umgeben ist. Die Mitte, das „Loch", ist hier gleichbedeutend mit einem Abgrund, einer Leere, die die Gefahr birgt, hineinzufallen. Andererseits ist eben diese Mitte der eigentliche Zweck des Brunnens; ohne das lebenswichtige Wasser, das man daraus schöpfen kann, wäre auch der Brunnenrand sinnlos.

Je mehr wir uns mit dem magischen Quadrat beschäftigen, desto mehr entsteht aus der scheinbaren Willkür ein kosmisches Muster an Gesetzmäßigkeiten

Man muß zum Verständnis wissen, daß der Begriff der **Leere** im Taoismus, aber auch im *Zen*-Buddhismus eine zentrale und durchaus positive Bedeutung hat. Die Leere ist das unstrukturierte Nichts des Uranfangs, das vor jeder Schöpfung vorhanden war. Mit dem Erlöschen unseres Bewußtseins nach einer Kette von Wiedergeburten kehren wir in die Leere zurück. In der tiefen Meditation versuchen wir, uns in die Leere hineinzuversenken und aus der Abwesenheit aller Formen und Gedanken, die den Geist vereinnahmen könnten, neue Kraft und Ruhe zu schöpfen.

Lao Tse hat in einem Gedicht die Nützlichkeit und Sinnhaftigkeit der Leere gepriesen:

Ein Rad?
Dreißig Speichen um eine Nabe!
Und doch macht die leere Nabe es nützlich.

Eine Schüssel?
Ton, der auf einer Töpferscheibe gedreht wurde!
Und doch macht die innere Leere sie nützlich.

Lao Tse variiert diese Aussage noch anhand anderer Beispiele, doch das Prinzip wird deutlich: Es wäre unweise, das Loch in der Mitte als zwecklos zu mißachten. Dasselbe gilt auch für den Schacht des Brunnens – und für die Zahl 5.

Die innere Struktur des magischen Quadrats

4	9	2
3	5	7
8	1	6

Die innere magische Struktur des kosmischen Quadrates

Betrachten wir das magische Quadrat in seiner ursprünglichen Form, so erscheint es uns zunächst einmal wie eine etwas chaotische und willkürliche Verteilung der 9 Grundzahlen auf 9 Kästchen. Tatsächlich steckt allerdings eine vollkommene und festgefügte Harmonie dahinter.

Überprüfen Sie selbst: Jede mögliche Dreierreihe von Zahlen, die in dem Quadrat enthalten ist, ergibt in der Summe 15. Dies gilt für Längs-, Quer-, aber auch für Diagonalreihen. Von den insgesamt acht möglichen Reihen nehmen vier die Zahl 5 in die Mitte. Es sind dies die Reihen 9-5-1, 3-5-7, 4-5-6 und 2-5-8. In jeder dieser Reihen bilden die beiden äußeren Zahlen die Summe 10. Addiert man zur 10 die 5, erhält man 15.

Die vier anderen möglichen Reihen innerhalb des Quadrates decken die Ränder des Vierecks ab und sparen dessen Mitte, die

Zahl 5, aus: Es sind dies die Reihen 4-9-2, 8-1-6, 4-3-8 und 2-7-6. Auch hier das gleiche Ergebnis: Alle Reihen ergeben in der Summe 15.

Wer das geniale Quadrat ersonnen hat, ist nicht bekannt und letztlich ist dies auch unerheblich. Es scheint eine Naturgesetzlichkeit zu enthüllen, die im Wesen der Zahlen selbst verborgen liegt.

Eine der vielen Möglichkeiten, die innere Struktur des magischen Quadrates zu erkunden

Jedoch ist die wundersame Zahl 15 beileibe nicht das einzige Geheimnis unseres magischen Quadrates: Auf den ersten Blick haben wir gesehen, daß die natürliche Zahlenfolge 1-2-3-4-5-6-7-8-9 nicht der Reihe nach auf dem Quadrat erscheint, wie es etwa auf den Tastaturen moderner Telefone der Fall ist. Betrachten wir einmal die Sprünge, die sich durch den Übergang von einer Zahl zur nächsten ergeben, etwa von 1 zu 2, von 2 zu 3 und so weiter. Wir bemerken hier eine eigenartige Symmetrie, die das „magische-Quadrat" mehr denn je als ausgefeiltes Kunstwerk und zugleich als Ausdruck einer Naturgesetzmäßigkeit erscheinen läßt.

Um von der 1 zur 2 zu gelangen, müssen wir einen Rösselsprung vollführen, ähnlich der Bewegung des Springers auf dem Schachbrett: einen Zug diagonal, einen geradeaus. Die Wege zu den folgenden Zahlen können wir ebenfalls den Zugmöglichkeiten von Schachfiguren entlehnen. Ab der 5, also genau der Mitte, führt das gleiche Zugmuster wieder zurück zum Ziel.

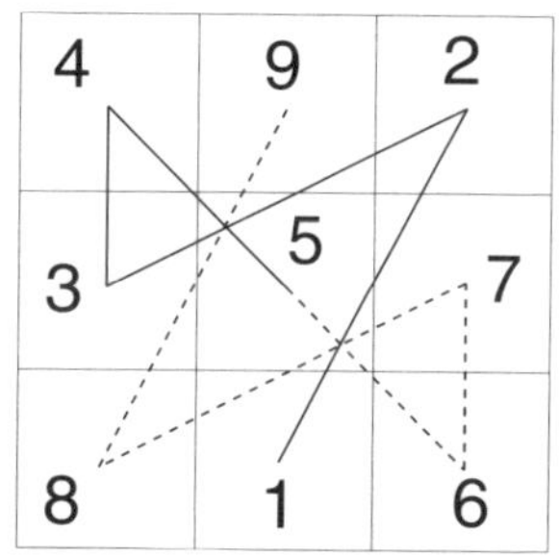

Für Schachspieler bietet sich dieser Weg als geistige Brücke an

Mathematiker würden sagen, daß die zweite Hälfte des Weges die erste punktsymmetrisch spiegelt. Die nebenstehende Zeichnung macht dieses Prinzip anschaulich.

Um sich die Gestalt des magischen Quadrats einzuprägen, zeichnen Sie es doch einmal auswendig, und rechnen Sie in allen Richtungen bis 15 mit. Sie werden staunen, wie rasch sie die zuvor so willkürlich erscheinende Abfolge der Zahlen innerhalb des Quadrates erlernt haben – der erste Schritt zum praktischen Persönlichkeits-Feng-Shui-Wissen.

Über eine andere Eselsbrücke können wir unser Quadrat auch grob in zwei Bereiche einteilen: auf der einen Seite das Kreuz der ungeraden Zahlen (dunkel hinterlegt), auf der anderen Seite das Quadrat der geraden Zahlen (hell hinterlegt).

Beginnen Sie, wenn Sie das magische Quadrat auswendig zeichnen wollen, mit der 5, die, wie Sie wissen, genau in der Mitte steht. Fahren Sie fort mit der 1, die unter der 5 plaziert ist. Genau gegenüber der kleinsten Zahl im Quadrat (1) ist die größte Zahl (9). Setzen Sie dann auf die noch leeren Plätze des Kreuzes die noch fehlenden ungeraden Zahlen, links die 3, rechts die 7.

Jungfräulich sind jetzt nur noch die vier Eckhäuser des Quadrats mit den vier geraden Zahlen. In der oberen Reihe befinden sich die beiden kleineren geraden Zahlen: rechts die 2, links die 4. Unten die beiden größeren geraden Zahlen: rechts die 6, links die 8.

Wenn Sie dies ein paar mal geübt haben, werden Sie in der Lage sein, das magische Quadrat unfehlbar aus dem Kopf zu zeichnen.

Die neun Verwandlungen des magischen Quadrats

Die Urform des magisches Quadrates ist Symbol für die vollkommene natürliche Ordnung

Das „magische-Quadrat" in seiner Urform ist ein Symbol für die natürliche Ordnung der wichtigsten Grundformen kosmischer Energie. Es repräsentiert die göttliche Vollkommenheit selbst. Man kann sich vorstellen, daß das Ursprungs-Quadrat den Zustand der göttlichen Ur-Einheit vor Beginn der Schöpfung darstellt. Das Gleichgewicht der Kräfte, das damals herrschte, war unveränderlich, zeitlos in sich ruhend.

Mit der Entstehung der weltlichen Dinge durch den göttlichen Schöpfungsimpuls wurde auch die Zeit geboren. Und mit ihr die Veränderung, die Wandlung der Urenergien, die zuvor in perfekter Harmonie zueinander geordnet waren. Wenn sich aber das Vollkommene ändert, kann das Ergebnis nur etwas weniger Vollkommenes sein. Obwohl aus den selben Zutaten gemixt, ist das zweite Quadrat, das nun durch Veränderung des ersten entsteht, aus dem Gleichgewicht geraten.

4	9	2
3	5	7
8	1	6

↓

3	8	1
2	4	6
7	9	5

Betrachten wir nun dieses zweite Quadrat genauer: Technisch betrachtet, ist nun die 1 an die Stelle gerückt, wo vorher die 2 war. Die 2 besetzt den Platz der 3 usw. Jede Zahl ist auf dem oben skizzierten Weg eine Position nach vorn gerückt. Die zentrale Position des Quadrats wird nun von der 4 eingenommen. Wenn wir dic acht möglichen Dreier-Zahlenreihen des neuen Quadrats durchrechnen, so stellen wir fest, daß die Summe keineswegs immer 15 ist. Die 9 kosmischen Energien, die durch die 9 Grundzahlen repräsentiert werden, sind durch Bewegung durcheinandergewirbelt worden. Das neue Quadrat besitzt nicht mehr die gleiche Vollkommenheit wie das erste.

Es scheint aber, als würden die Energien wieder zu ihrer alten Position der perfekten Harmonie zurückstreben. Etwas romantisierend könnte man sagen: Die Schöpfung sehnt sich nach ihrer ursprünglichen Einheit mit Gott zurück.

Da eine Rückverwandlung in das Ursprungsquadrat aber unmöglich ist, kann der Weg zurück zur Vollkommenheit nur vorwärts gelingen: durch weitere acht Verwandlungen, die das Quadrat 2 über den Umweg der Quadrate 3 bis 9 wieder zu Quadrat 1 werden lassen. Das dritte Quadrat entsteht aus dem zweiten auf dieselbe Weise, wie vorher die Verwandlung von 1 in 2 skizziert wurde: Jede Zahl rückt auf dem in der Zeichnung auf Seite 25 skizzierten Weg um jeweils eine Position vorwärts. Und so geht es weiter bis hin zum 9. Quadrat. Die kühle Schönheit und Einfachheit dieser neun Verwandlungen des Persönlichkeits-Feng-Shui erschließt sich nur durch intensive, selbständige, mitvollziehende Betrachtung der 9 Quadrate.

Das Persönlichkeits-Feng-Shui baut allein auf diesen 9 Quadraten auf – einer Struktur von kühler Schönheit und Einfachheit

4	9	2
3	5	7
8	1	6

3	8	1
2	4	6
7	9	5

2	7	9
1	3	5
6	8	4

1	6	8
9	2	4
5	7	3

9	5	7
8	1	3
4	6	2

8	4	6
7	9	2
3	5	1

7	3	5
6	8	1
2	4	9

6	2	4
5	7	9
1	3	8

5	1	3
4	6	8
9	2	7

Im geordneten Wandel vollziehen die Zahlen eine Wanderung durch das Quadrat, so daß sich im Zentrum jedes Quadrates eine Chi-Kraft nach der anderen befindet

Wenn Sie das verinnerlicht haben, beherrschen Sie bereits das fundamentale Handwerkszeug für Persönlichkeits-Feng-Shui. Es gibt nämlich in der gesamten Kunst des Persönlichkeits-Feng-Shui nur diese 9 Quadrate. Sie sind die Bausteine, aus denen nach Auffassung der alten Meister das Universum zusammengesetzt ist. Man kann daraus astrologische Deutungen und Charakteranalysen ableiten, indem man die Quadrate verschieden kombiniert oder sein Augenmerk auf einzelne Aspekte ihrer Zahlenkombinationen richtet. Wie dies zu geschehen hat, möchte ich Ihnen im weiteren Verlauf dieses Buches vermitteln.

Die Dimension der Zeit

Wir bestimmen unseren Chi-Typ ganz einfach anhand unseres Geburtsjahres

Für jeden beliebigen Zeitraum läßt sich ein magisches Quadrat zeichnen, das die Ordnung der 9 kosmischen Kräfte in dieser Phase der Entwicklung beschreibt. Es gibt Jahre, in denen das Energiegemisch des ursprünglichen Quadrats (siehe Zeichnung auf S. 24) vorherrschend ist. Ein solches Jahr nennen wir Chi-5-Jahr, weil in dem dazugehörigen Quadrat die Zahl 5 in der Mitte steht. 1995 war z. B. ein solches Chi-5-Jahr. 1996 dagegen war ein Chi-4-Jahr: Die 9 kosmischen Kräfte waren damals in der Weise des Quadrats auf S. 26 unten angeordnet. Auf ein Chi-4-Jahr folgt stets Chi 3, Chi 2, Chi 1, Chi 9, Chi 8, Chi 7 und Chi 6. Der Kreis schließt sich mit einem weiteren Chi-5-Jahr. Sie können leicht ausrechnen, daß dies im Jahr 2004 der Fall sein wird. 1999, das Jahr, in dem dieses Buch erscheint, steht beispielsweise unter der Energiekonstellation von Chi 1. Was dies im einzelnen für den „Zeitgeist" dieser Jahre und für Ihr persönliches Schicksal bedeutet, wird noch im einzelnen beschrieben. Hier möchte ich zunächst nur das Grundprinzip darstellen. Am besten prägt man sich folgende Regeln ein, die für die weitere Arbeit mit Persönlichkeits-Feng-Shui entscheidend sind:

Regel 1: Jedem Jahr der Menschheitsgeschichte ist ein magisches Quadrat in einer seiner 9 möglichen Gestalten zugeordnet.

Regel 2: Jahreswechsel ist nicht etwa die Silvesternacht, sondern der 4. oder 5. Februar. Das Chi-1-Jahr dauert beispielsweise von Februar 1999 bis Februar 2000.

Regel 3: Die Reihenfolge der 9 Quadrate ist immer die gleiche: Auf Chi 5 folgt Chi 4, dann Chi 3, Chi 2, Chi 1, Chi 9, Chi 8, Chi 7 und Chi 6, dann folgt erneut ein Chi-5-Jahr. Die Jahre folgen der Rotation der Zahlen auf ihrem vorgeschriebenen Weg (siehe Zeichnung auf S. 25 oben).

Regel 4: Neben den Jahresrhythmen gibt es auch Monats-, Tages- und Stundenrhythmen.

Wir lassen diese kleineren Zeitspannen aber zunächst beiseite und kümmern uns erst wieder im Kapitel „Geht's noch ein bißchen genauer?" darum.

Die Tabelle auf der nächsten Seite hilft Ihnen, jedes Jahr im Bereich des 20. Jahrhunderts (und noch ein paar Jahre darüber hinaus) einer Chi-Kraft zuzuordnen. Die Zahl 1 hinter der Jahreszahl bedeutet, daß in diesem Jahr jenes Quadrat die Herrschaft übernommen hat, in dessen Mitte die 1 steht.

Zuordnung der Jahreszahlen zu den Chi-Kräften

Anhand des Geburtsjahres ermitteln Sie den Chi-Typ. Beachten Sie jedoch die Regel für das chinesische Kalenderjahr, nach der nicht am 1. Januar, sondern zum chinesischen Neujahr, dem 4. bzw. 5. Februar das neue Jahr beginnt

1900	1	1936	1	1972	1
1901	9	1937	9	1973	9
1902	8	1938	8	1974	8
1903	7	1939	7	1975	7
1904	6	1940	6	1976	6
1905	5	1941	5	1977	5
1906	4	1942	4	1978	4
1907	3	1943	3	1979	3
1908	2	1944	2	1980	2
1909	1	1945	1	1981	1
1910	9	1946	9	1982	9
1911	8	1947	8	1983	8
1912	7	1948	7	1984	7
1913	6	1949	6	1985	6
1914	5	1950	5	1986	5
1915	4	1951	4	1987	4
1916	3	1952	3	1988	3
1917	2	1953	2	1989	2
1918	1	1954	1	1990	1
1919	9	1955	9	1991	9
1920	8	1956	8	1992	8
1921	7	1957	7	1993	7
1922	6	1958	6	1994	6
1923	5	1959	5	1995	5
1924	4	1960	4	1996	4
1925	3	1961	3	1997	3
1926	2	1962	2	1998	2
1927	1	1963	1	1999	1
1928	9	1964	9	2000	9
1929	8	1965	8	2001	8
1930	7	1966	7	2002	7
1931	6	1967	6	2003	6
1932	5	1968	5	2004	5
1933	4	1969	4	2005	4
1934	3	1970	3	2006	3
1935	2	1971	2	2007	2

Wir sehen an dieser Tabelle sehr anschaulich, daß die 9 Grundzahlen immer in absteigender Reihenfolge dem Jahresverlauf folgen.

Nun können Sie anfangen, mit der Tabelle zu spielen. Machen Sie Ihr Geburtsjahr ausfindig und stellen Sie fest, welche Zahl dort steht. Suchen Sie nun nach dem Geburtsjahr Ihres Partners/Ihrer Partnerin, Ihrer Eltern, Ihrer Freunde. Wenn Sie möchten, können Sie auch nach dem von Boris Becker (1967), Gerhard Schröder (1944), Udo Jürgens (1934) oder anderen suchen.

Achtung: es gilt eine Sonderregelung für diejenigen, die Anfang Februar geboren sind

Vergessen Sie dabei bitte nicht, worauf ich oben bereits hingewiesen habe: Jahreswechsel ist nach dem chinesischen Kalender immer der 4. oder 5. Februar. Wenn Sie also Steinbock sind und am 10. Januar 1963 geboren wurden, dann ist Ihr Geburtsjahr – jedenfalls chinesisch betrachtet – **1962**. Personen, die im Grenzbereich geboren sind, also etwa in der Zeit zwischen 3. und 6. Februar, weisen häufig Merkmale von zwei benachbarten Chi-Kräften auf. Wenn Sie also zum Beispiel am 3. Februar 1963 geboren sind, sollten Sie die Chi-Zahlen von 1962 **und** 1963 beachten: 2 und 1.

Alle diese Überlegungen werden später noch wichtig werden, wenn Sie lernen, welche Charaktereigenschaften und welche lockenden oder drohenden Schicksalswendungen ich Ihnen aufgrund Ihrer Jahreszahl, sprich: Ihres Chi-Typs zuweisen werde.

Ein Hinweis noch zu Jahreszahlen, die vor 1900 liegen. Vielleicht werden Sie irgendwann einmal Interesse dafür entwickeln, welchem Chi-Typ Ihre Urgroßmutter, Goethe oder Napoleon zuzuordnen ist. Hierfür gibt es eine ganz einfache Berechnungsformel:

Sie können auf obiger Tabelle erkennen, daß dem Jahr 2000 die Zahl 9, dem Jahr 1900 die Zahl 1 zugeordnet ist. Dementsprechend war 1800 ein 2-Jahr, 1700 ein 3-Jahr, 1600 ein 4-Jahr – und so geht es weiter. Wenn 1999 eine 1 war, dann war 1899 eine 2, 1599 eine 5, 1199 eine 9, 1099 wieder eine 1 usw. – Sie haben das Prinzip begriffen! Wenn Sie das Jahr **18**45 suchen, schlagen Sie in der Tabelle unter **19**45 nach. Zu der Zahl, die Sie dort finden, rechnen Sie 1 hinzu, weil zwischen dem 20. und dem 19. Jahrhundert 1 Jahrhundert Unterschied ist. Sollte der Abstand 6 Jahrhunderte betragen, rechnen Sie 6 dazu.

Wer bin ich?

Neun Chi-Kräfte, neun Menschentypen

Wer unter einem bestimmten Stern geboren wird, nimmt seine Energie besonders stark auf, so wird auch derjenige, der zu einer bestimmten Zeit geboren ist, von dieser „Energie des Zeitpunktes" besonders intensiv „bestrahlt"

Mit dem nunmehr gesammelten Wissen über Persönlichkeits-Feng-Shui sind wir endlich in der Lage, das Skelett der bisherigen etwas trockenen Zahlenspielereien mit Fleisch zu füllen. Was bedeutet es eigentlich für mich, in einem Chi-1-Jahr (oder Chi-2-Jahr) geboren zu sein?, könnte man nun fragen.

Regel: Wer in einem bestimmten Zeitabschnitt geboren ist, nimmt die dann herrschende kosmische Energie besonders intensiv in sich auf. Sie wird zur prägenden Kraft, die seinen Charakter und sein konkretes Verhalten formt.

Beispiel: 1971 war ein Chi-2-Jahr. Wer zwischen Anfang Februar 1971 und Anfang Februar 1972 geboren ist, steht unter der besonderen Wirkung dieser Energieform. Wir nennen diesen Menschen eine Chi-2-Person.

Der Satz: „Ich **bin** eine Chi-2-Person" hat im Persönlichkeits-Feng-Shui eine ähnliche Bedeutung wie das Bekenntnis „Ich **bin** Waage" in der westlichen Astrologie. Beides sind grobe Charakterisierungen, die nicht **alles** über den Charakter einer Person aussagen – wohl aber eine gewisse Grundtendenz aufzeigen können.

Während es in der westlichen Astrologie zwölf solcher Typen gibt – vom Widder bis hin zu den Fischen –, kennt das Persönlichkeits-Feng-Shui deren neun. Es sind dies die neun möglichen Stellungen unseres magischen Quadrats. Auf den folgenden Seiten finden Sie kurze Porträts dieser neun Chi-Typen.

Unter der Rubrik **Geburtsjahre** können Sie noch einmal überprüfen, ob Sie dem beschriebenen Personenkreis angehören. Die Charakterbeschreibung ist in **Stärken/Chancen** und **Schwächen/Gefahren** unterteilt. Gemeint sind Persönlichkeitsmerkmale, die man normalerweise mit positiv oder negativ bewertet. Mir liegt jedoch daran, festzustellen, daß nicht jeder Vertreter eines Chi-Typs jede dieser Eigenschaften in vollem Umfang aufweist. Gerade extreme Merkmale treten oft nur in abgemilderter Form auf. Von „Chancen" spreche ich, weil jeder Chi-Typ in dieser Rubrik erkennen kann, was er im besten Fall aus seinen Charakteranlagen machen kann. Die „Gefahren" geben an, was schlimmstenfalls aus Ihnen werden kann. Ich trage zur

Verdeutlichung absichtlich dick auf und spreche z. B. vom Chi-1-Typ als einem „kriminellen Außenseiter". Daß Sie dies tatsächlich sind, ist schon rein statistisch denkbar unwahrscheinlich. Ich markiere damit aber eine äußerste Grenze, die extreme Verfallsform des Chi-1-Charakters, die in der Realität nur selten vorkommt.

Entsprechend der Geburtszeit ist die Chi-Kraft des Menschen in bestimmter Weise geprägt

Anschließend wird das **Verhalten** der neun Chi-Typen im praktischen und geistigen Leben beschrieben. Ich unterteile diese Rubrik in **erotisch**, **beruflich** und **spirituell**, womit nicht alle, aber die wichtigsten Facetten im Charakter des betreffenden Menschen abgedeckt sind.

Vor jeder Beschreibung eines Chi-Typs sehen Sie ein chinesisches „Häuschen" mit vielen Jahreszahlen abgedruckt. Sie können daraus für jedes Jahr die spezielle Chi-Energie ermitteln, die für Sie in dem betreffenden Zeitraum dominiert. Dementsprechend könnten Sie auch ungefähre Vorhersagen über den Grundcharakter eines bestimmten Jahres treffen (z. B. Grundcharakter eine „schwere" oder „leichte" Zeit.)

Was Sie mit diesen interessanten Informationen noch alles tun können, erfahren Sie ab S. 90 in „Was bringt mir die Zukunft."

Chi 1

Das Jahr der großen Veränderungen

1908	1971
1917	1980
1926	1989
1935	1998
1944	2007
1953	2016
1962	2023

Die Jahre der maßgeblichen Erkenntnisse

1913	1976
1922	1985
1931	1994
1940	2003
1949	2012
1958	2021
1967	2030

Die schweren Jahre

1906	1969
1915	1978
1924	1987
1933	1996
1942	2005
1951	2014
1960	2023

Die wilden Jahre

1907	1970
1916	1979
1925	1988
1934	1997
1943	2006
1952	2015
1961	2024

Die Krisenjahre/ Neuanfänge

1909	1972
1918	1981
1927	1991
1936	1999
1945	2008
1954	2017
1963	2026

Die leichten Jahre

1911	1974
1920	1983
1929	1992
1938	2001
1947	2010
1956	2019
1965	2028

Die Jahre der Konzentration auf das Wesentliche

1912	1975
1921	1984
1930	1993
1939	2002
1948	2011
1957	2020
1966	2029

Die kargen Jahre

1905	1968
1914	1977
1923	1986
1932	1995
1941	2004
1950	2013
1959	2022

Die Jahre der Erfüllung

1910	1973
1919	1982
1928	1991
1937	2000
1946	2009
1955	2018
1964	2027

Die Lebens- und Jahresrhythmen von Chi 1

Chi-1-Menschen

Stärken/Chancen: Dem Chi-1-Typ zugeordnet ist das **Wasser**. Dieses Element befruchtet beinahe alles, was es berührt, und es kennt Tiefen, die dem Blick des Betrachters verborgen bleiben. Die Domäne von Chi 1 ist nach dem *I Ging* die Seele. Damit ist hier allerdings weniger die Welt der menschlichen Gefühle gemeint als vielmehr das Unbewußte, auch im Sinne des kollektiven Unbewußten, zu dem Chi-1-Menschen einen besonderen, geheimen Zugang haben. Ähnlich wie ein trüber Teich, bei dem man nicht auf den Grund sehen kann, der aber über einen unterirdischen Zufluß mit dem Meer verbunden ist. Von oben betrachtet ist an diesem Teich vielleicht nichts besonderes, da sich Chi-1-Personen nach außen hin oft reibungslos und unauffällig verhalten. Sie tun dies, um bei der Auseinandersetzung mit ihrer reichen inneren Welt nicht von außen gestört zu werden.

Der Chi-1-Mensch kommt gut mit sich allein zurecht und ist nicht auf den Beifall anderer angewiesen. Er läßt sich nicht so leicht von der Eitelkeit und Oberflächlichkeit profanen Marktgeschreis blenden und arbeitet sich beharrlich am Problematischen und Tiefgründigen ab. Da er so wie kein anderer Chi-Typ furchtlos die Schattenbereiche seiner Seele durchwandert, kann er diese Bereiche in sein Wesen integrieren und muß sie so nicht in der Außenwelt bekämpfen.

Er versteht auch die tieferen Motive anderer Menschen, ohne diese gleich verurteilen oder therapieren zu müssen. Chi-1-Personen können aus ihrer Seele wahre Schätze an reifen Gedanken und schönen Gefühlen zutagefördern und damit auch andere Menschen befruchten. Sie wirken bereichernd und inspirierend durch ihre unerschöpfliche Phantasie und ihren Erfindungsgeist.

Schwächen/Gefahren: Chi 1 hat erstaunlich wenig Interesse daran, sein Innenleben auch nach außen hin zu zeigen. Er begnügt sich oft mit dem Potential, mit dem „Ich könnte ..." oder „Ich sollte ...", anstatt seine Absichten in die Tat umzusetzen. Dadurch wirkt er oft verschlossen und wenig tatkräftig. Er verliert sich leicht im Irrgarten seiner Seele, bleibt im Sumpf düsterer Gedanken stecken.

Manchmal fühlt er sich vom Extremen, Abseitigen oder gar Perversen und Ekelerregenden geradezu magisch angezogen und bleibt klareren, lichtvolleren Einflüssen unzugänglich. Chi 1 kann chaotisch wirken, unzuverlässig und ohne klares Lebenskonzept. Angst prägt manchmal sein Lebensgefühl – vor allem

9	5	7
8	1	3
4	6	2

***Geburtsjahre**: 1900, 1909, 1918, 1927, 1936, 1945, 1954, 1963, 1972, 1981, 1990, 1999 ...*

***Trigramm**: Das Wasser*

***Prominente:** Robert Schumann, Lev N. Tolstoj, Anne-Sophie Mutter, Günter Grass*

die Angst, sich zu zeigen. Aus Furcht, man könne seine Schattenseiten wahrnehmen, läßt Chi 1 lieber auch die Sonnenseiten im Verborgenen. Dadurch gerät er in Isolation und verliert leicht den Kontakt zur Realität. Probleme und Gefühle werden so lange im Inneren angestaut, bis sie bedrängend werden und die Seele vergiften. Solche Menschen sind durchaus fähig zu lügen, jedoch nicht um jemanden aus Gewinnsucht zu hintergehen, sondern um selbst nicht erkannt zu werden und ihre Innenwelt vor neugierigen Blicken zu schützen. Im Extremfall die depressive Trantüte. Der Einsiedler mit arroganter, abweisender Miene. Der Süchtige, der sich in einer Scheinwelt verliert. Der kriminelle Außenseiter.

Verhalten

Erotisch: Ein solcher Mensch sehnt sich nach dem Erlebnis der Verschmelzung mit einem geliebten Partner. Chi 1 ist durchaus geschaffen für die große, romantische Liebe, kann leidenschaftlich und innig sein und seinen Partner in geradezu beängstigender Weise idealisieren. Dies bedeutet jedoch nicht, daß er von seinem rätselhaften Gehabe in vertrauteren Beziehungen so ganz ablassen würde. Oft ist es schwer, an ihn heranzukommen. Man liebt ihn und fühlt sich geliebt und kann doch manchmal nicht umhin, sich von seinem verschlossenen Wesen auf subtile Weise gequält und beeinträchtigt zu fühlen. Mitunter ist er bei der Kontaktanbahnung und auch noch hinterher äußerst schüchtern und hat Schwierigkeiten, seine Gefühle auszudrücken.

Es gibt in den Tiefen seiner Seele die reichsten Schätze zu heben, aber nicht jeder Partner hat die Geduld dazu. Manchmal verliert sich ein solcher Mensch auch an eine melancholische, unbefriedigende oder unerfüllte Liebe und suhlt sich dann lange in den aufkommenden zwiespältigen Gefühlen, ohne die Kraft zum Befreiungsschlag und zum Aufbruch in eine neue Liebesbeziehung zu wagen.

Beruflich: Chi-1-Menschen werden in künstlerischen und kreativen Berufen Erstaunliches leisten, aber auch dort, wo es darum geht, Menschen zu verstehen. Da sie aber keine besonders sozialen Menschen sind, werden sie den Gewinn aus ihrer psychoanalytischen Erkenntnis eher still lächelnd für sich behalten als ihn zum Nutzen ihrer Mitmenschen zu verwenden.

Chi 1 ist eben eher ein Einzelkämpfer als ein Teamarbeiter. Er ist nicht überall beliebt, weil er als rätselhaft und verschlossen gilt. Was für ihn nur Selbstschutz ist, um seine verwundbare Innenseite nicht für jedermann bloßzulegen, kann ihm durchaus als Arroganz ausgelegt werden. Manchmal fehlt es ihm an zupackender Tatkraft, da er zu sehr in seine eigene Phantasiewelt eingesponnen ist. Auch wird er es schwer haben, sich nach außen hin zu „verkaufen“, weshalb er oft unter Wert gehandelt wird. Mißerfolgsgeschichten pflastern auch die Wege hochbegabter Vertreter dieser Spezies. Die Schuld dafür schreiben sie allerdings meistens nicht sich selbst, sondern der rauhen Wirklichkeit da draußen zu.

Spirituell: Diese Menschen haben einen mystischen Zugang zur Religion, suchen Gott im Inneren ihrer Seele und versuchen, mit dem Göttlichen zu verschmelzen. Es muß nicht gleich die vollkommene Auflösung der Persönlichkeit in Rausch und Ekstase sein, die in unserer nüchternen Realität auch Chi-1-Menschen nicht immer so ohne weiteres möglich ist; auch eine verinnerlichte Frömmigkeit oder Versunkenheit in Meditation kann dem Wesen von Chi 1 entgegenkommen.

Ein Hang zum Okkulten und Irrationalen prägt häufig die religiösen Vorlieben dieser Menschen. Beschäftigung mit der düsteren, unheimlichen Seite der Esoterik sind nicht untypisch. Spirituelle Neugier auf das Unbekannte und diffuse Angst vor negativen Energien halten sich die Waage, wobei Dämonenfurcht und paranoide Verschwörungstheorien wohl nur die ausgeprägtesten Vertreter des Chi-1-Typs gefährden können.

Chi 2

☷

Das Jahr der großen Veränderungen

1907	1970
1916	1979
1925	1988
1934	1997
1943	2006
1952	2015
1961	2024

Die Jahre der maßgeblichen Erkenntnisse

1912	1975
1921	1984
1930	1993
1939	2002
1948	2011
1957	2020
1966	2029

Die schweren Jahre

1905	1968
1914	1977
1923	1986
1932	1995
1941	2004
1950	2013
1959	2022

Die wilden Jahre

1906	1969
1915	1978
1924	1987
1933	1996
1942	2005
1951	2014
1960	2023

Die Krisenjahre/ Neuanfänge

1908	1971
1917	1980
1926	1989
1935	1998
1944	2007
1953	2016
1962	2023

Die leichten Jahre

1910	1973
1919	1982
1928	1991
1937	2000
1946	2009
1955	2018
1964	2027

Die Jahre der Konzentration auf das Wesentliche

1911	1974
1920	1983
1929	1992
1938	2001
1947	2010
1956	2019
1965	2028

Die kargen Jahre

1913	1976
1922	1985
1931	1994
1940	2003
1949	2012
1958	2021
1967	2030

Die Jahre der Erfüllung

1909	1972
1918	1981
1927	1991
1936	1999
1945	2008
1954	2017
1963	2026

Die Lebens- und Jahresrhythmen von Chi 2

Chi-2-Menschen

Stärken/Chancen: Das Trigramm von Chi 2 ist die **Erde**. In der Tat zeichnen Bodenhaftung und eine grundsolide Lebenseinstellung diesen Menschentyp aus. Weder geistige Höhenflüge in unerreichbare Phantasiewelten noch das Abtauchen in sumpfige Gefilde der psychischen Schattenbereiche (wie bei Chi 1) sind charakteristisch für diese Menschen. Der innere Auftrag, die materielle Realität und die konkreten Beziehungen zu anderen Menschen tatkräftig zu gestalten, zieht sich wie ein roter Faden durch die meisten Chi-2-Leben.

Eine Chi-2-Person zeigt sich gegenüber allen Erscheinungen des Irdischen offen, läßt Menschen an sich herankommen und nimmt sie vorbehaltlos auch mit ihren Schwächen an. Andere können sich gut neben ihr entfalten und werden nicht von einem starken Willen an die Wand gedrückt. Chi 2 schüttet großzügig alle Segnungen aus dem Füllhorn seines guten Herzens aus. Da Erde, Materie und „mater" (lateinisch für „Mutter") demselben Archetypus entspringen, haben Chi-2-Personen – auch als Männer – immer etwas von der „guten Mutter" an sich, die bereit wäre, alles für ihre Lieben zu tun.

Besonders edelmütige Vertreter dieser Spezies werden geradezu zum irdischen Spiegelbild göttlicher All-Liebe und Gnade. Chi 2 gleicht – auch in anderen Berufsgruppen – dem verständnisvollen Sozialpädagogen, der anderen mit seiner Warmherzigkeit wieder auf die Beine hilft. Er ist geduldig im Ertragen dessen, was nicht zu ändern ist, geduldig darin, die Dinge langsam reifen zu lassen. Deshalb wird man Hektik, Übereilung oder das verbissene Kämpfen gegen Windmühlenflügel bei Chi-2-Menschen kaum finden.

Schwächen/Gefahren: Hier läßt sich gut beobachten, wie jede Schwäche nur die Kehrseite einer genau dazu passenden Stärke darstellt. Der Fähigkeit, Dinge geschehen zu lassen und zu ertragen, wo nichts zu ändern ist, steht eine ausgeprägte Willensschwäche und mangelnde Durchsetzungskraft in Fällen gegenüber, wo diese Tugenden angebracht wären.

Denken Sie auch daran, daß Chi 2 die ausgeprägteste Ansammlung einseitiger Yin-Energie darstellt, sozusagen den Punkt der tiefsten Mitternacht, die reinste Ausprägung des Prinzips Passivität. Chi-2-Menschen lassen sich häufig von einem stärkeren und rücksichtslosen Partner oder Vorgesetzten unterdrücken und ausnutzen. Sie besitzen nicht die Kraft, gegen Zustände aufzubegehren, die möglicherweise zu ändern wären. Sie zeigen

1	6	8
9	2	4
5	7	3

Geburtsjahre: *1908, 1917, 1926, 1935, 1944, 1953, 1962, 1971, 1880, 1989, 1998 ...*

Trigramm: *Die Erde*

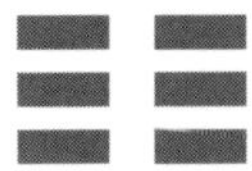

Prominente: *Francesco de Goya, Karl Marx, König Ludwig II. von Bayern, Elvis Presley, Marilyn Monroe, Gerhard Schröder, Luciano Pavarotti*

wenig Initiative und Kreativität, tun wenig aus eigenem Antrieb. Chi 2 droht – wie die Erde – geradewegs zu vertrocknen, wenn er nicht durch Inspiration von außen bewässert wird. Manche Vertreter dieses Typs horten ängstlich ihren Besitz, sind sparsam und manchmal freudlos bis zur Spießigkeit. In seiner äußersten Verfallsform ist Chi 2 gehorsam bis zur vollkommenen Willfährigkeit, ein charakterloser Opportunist mit Untertanen- und Herdenmentalität.

Verhalten

Erotisch: Ein treuer und verläßlicher Partner. Der Freund oder Geliebte fürs Leben. Wenn Sie erst einmal seine Liebe gewonnen haben, wird er immer für Sie da sein, Sie bemuttern und Ihnen alle Wünsche von den Augen ablesen. Streit gibt es wenig, da er gern zum Nachgeben bereit ist. Ein Chi-2-Mensch wartet eher ab, bis der Partner die Initiative ergreift oder den Entertainer spielt.

Es besteht die Gefahr, daß sich Langeweile und Routine in die Beziehung einschleichen. Wer sich gern an Widerständen reiben will oder es schätzt, wenn zwischen Liebenden die Funken sprühen und die Fetzen fliegen, dem wird diese Liebesbeziehung vielleicht allzu glatt und harmonisch verlaufen.

Beruflich: Chi 2 fühlt sich am wohlsten in der Geborgenheit einer sicheren Anstellung und der vertrauten Atmosphäre von Kollegen und Vorgesetzten, die seine Leistungen und seine Zuverlässigkeit schätzen.

Diese Menschen werden leicht überfordert, wenn es darum geht, selbst Ideen zu entwickeln oder mit aller Kraft um einen beruflichen Vorteil zu kämpfen. Sie warten eher ab, bis man ihnen sagt, was sie tun sollen. Vielleicht ist der Chi-2-Typ in einer Firma auch der ewige Zweite, der stille, immer unterschätzte Arbeiter im Hintergrund, der wehrlos mit ansehen muß, wie andere die Früchte seiner Arbeit ernten.

Spirituell: Chi-2-Menschen werden sich schicksalsergeben dem göttlichen Ratschluß fügen und Rückschläge tapfer ertragen, ohne den Glauben zu verlieren. Sie sind fähig, das Gebot christlicher Nächstenliebe vorbildlich zu verwirklichen. Im Extremfall werden sie zum aufopferungsvollen Barmherzigen Samariter.

Chi 2 sehnt sich danach, daß ihm göttliche Gnade – verdient oder unverdient – von oben zuteil wird. Er fühlt sich unbehaglich bei religiösen Vorstellungen, die ihm viel Eigenverantwortung für sein überzeitliches Schicksal aufbürden – die ihm zum

Beispiel damit drohen, er müsse sich seinen Platz im Paradies erst verdienen. Eher pessimistische Charaktere fühlen sich vielleicht von dunklen Mächten kontrolliert oder wie Marionetten am Fädchen geführt.

Sie sind eher „Mond“ als „Sonne“, insofern nämlich, als sie „Licht“, Ideen und Anregungen eher von außen aufnehmen und reflektieren, anstatt es aus sich selbst hervorzubringen. Ihr Bedürfnis, mit jedermann in Harmonie zu leben und sich allseitiger Beliebtheit zu erfreuen, läßt ihr Erscheinungsbild oft konturlos und schwankend werden. Dabei ist allerdings nicht weltanschaulich begründete Toleranz, sondern eher der Wunsch, geliebt zu werden, ausschlaggebend.

Chi 3

Das Jahr der großen Veränderungen

1906	1969
1915	1978
1924	1987
1933	1996
1942	2005
1951	2014
1960	2023

Die Jahre der maßgeblichen Erkenntnisse

1911	1974
1920	1983
1929	1992
1938	2001
1947	2010
1956	2019
1965	2028

Die schweren Jahre

1913	1976
1922	1985
1931	1994
1940	2003
1949	2012
1958	2021
1967	2030

Die wilden Jahre

1905	1968
1914	1977
1923	1986
1932	1995
1941	2004
1950	2013
1959	2022

Die Krisenjahre/ Neuanfänge

1907	1970
1916	1979
1925	1988
1934	1997
1943	2006
1952	2015
1961	2024

Die leichten Jahre

1909	1972
1918	1981
1927	1991
1936	1999
1945	2008
1954	2017
1963	2026

Die Jahre der Konzentration auf das Wesentliche

1910	1973
1919	1982
1928	1991
1937	2000
1946	2009
1955	2018
1964	2027

Die kargen Jahre

1912	1975
1921	1984
1930	1993
1939	2002
1948	2011
1957	2020
1966	2029

Die Jahre der Erfüllung

1908	1971
1917	1980
1926	1989
1935	1998
1944	2007
1953	2016
1962	2023

Die Lebens- und Jahresrhythmen von Chi 3

Chi-3-Menschen

Stärken/Chancen: Das Trigramm von Chi 3, der **Donner**, sagt schon sehr viel über den Charakter dieses Menschen aus. Laut, vital und manchmal beängstigend plötzlich rückt sich Chi 3 in unüberhörbarer Weise in den Vordergrund. Dies ist für seine Mitmenschen oft mit durchaus positiven Effekten verbunden: Ein Chi-3-Typ bringt frischen Wind in eingefahrene Situationen und klärt schwelende Konflikte durch seine offene Art wie ein reinigendes Gewitter. Er ist äußerst tat- und entschlußkräftig und verliert sich nicht in Grübeleien und Bedenken.

Chi 3 hat auch den Mut, unbequeme Wahrheiten auszusprechen, wo andere die Probleme nur unter den Teppich kehren. Er verabscheut nichts mehr als Heuchelei. Da er positive wie auch negative Gefühle nicht verbirgt, weiß man stets, woran man bei ihm ist. Er bricht erstarrte Strukturen auf und macht den Weg frei für einen Neuanfang. Wo alle in Lethargie versunken sind, reißt er die Initiative an sich, stürmt voran und vermag auch andere durch seinen Elan mitzureißen.

Das Plötzliche, Abrupte seiner Entscheidungen mag andere irritieren und vor den Kopf stoßen, dient Chi 3 aber letztlich der Selbstbewahrung, der Authentizität seiner stark im Hier und Jetzt verankerten Existenz. Dies kann in einer Welt, die überwiegend von Nicht-Authentizität, also von wägendem, kalkulierendem, vorausplanendem Handeln geprägt ist, durchaus wohltuend wirken.

Schwächen/Gefahren: Allseits gefürchtet sind bei Donner-Menschen die Ausbrüche von Jähzorn und die unberechenbaren Stimmungsschwankungen. Die Karikatur eines Chi-3-Menschen wäre das aufbrausende, seinen Gefühlen hilflos ausgelieferte „HB-Männchen". Man kann, um ein extremes Beispiel zu nennen, auch an die Wut-Attacken und Selbstverstümmelungs-Aktionen des starken Chi-3-Menschen Vincent van Gogh denken. Zwar kommt es nur selten bei einer normal ausgeprägten Chi-3-Person zu einer solch destruktiven Entladung aggressiver Energie, doch „kleine van Goghs" finden sich unter den Chi-3-Menschen nicht selten. Durch impulsives Verhalten zerschlagen sie viel Porzellan, tun und sagen übereilt Dinge, die ihnen hinterher leid tun.

Eine Chi-3-Person kann in gewisser Weise als „emotionales Kind" angesehen werden. Sie gibt seinen spontanen Gefühlsregungen nach, ohne sich um die Folgen zu scheren, die anderen Menschen daraus erwachsen könnten. Auch die Meinung

2	7	9
1	3	5
6	8	4

Geburtsjahre: *1907, 1916, 1925, 1934, 1934, 1925, 1961, 1970, 1979, 1988, 1997 ...*

Trigramm: *Der Donner*

Prominente:
Michelangelo, Friedrich Nietzsche, Vincent van Gogh, Adolf Hitler, Oskar Lafontaine, Prinzessin Diana, Udo Jürgens

der Außenwelt kümmert Chi 3 wenig. Dies mag auf der einen Seite als „Ich-Stärke" positiv gewertet werden, ist auf der anderen Seite aber auch „Ich-Befangenheit", die Unfähigkeit, andere durch die Tränenschleier eigener Gefühlswallungen hindurch überhaupt wahrzunehmen. Auch führen die mangelnde Frustrationstoleranz von Chi 3, seine Unfähigkeit zum „Triebaufschub" zum abwartenden, kalkulierenden Hinarbeiten auf längerfristige Ziele häufig dazu, daß solche Menschen zu schnell aufgeben, Projekte zu schnell „hinwerfen" und somit sich und abhängigen Personen Schaden zufügen. Sie verletzen Menschen aus mangelndem Feingefühl dafür, was für andere noch zumutbar ist.

Chi-3-Personen, die einen negativen Entwicklungsweg eingeschlagen haben, haben keine Achtung vor den Grenzen anderer und treten von einem Fettnäpfchen ins andere. Seine nervöse, ruhelose Ausstrahlung macht Chi 3 manchmal zu einem reichlich anstrengenden Zeitgenossen. Seine chronische Unzufriedenheit und sein Übereifer verleiten ihn überdies, die erprobte Qualität des Bewährten zu unterschätzen.

Verhalten

Erotisch: Ein stürmischer Liebhaber, der seine Angebetete durch das Tempo, das er vorlegt, verblüfft, möglicherweise überfordert – bzw. eine entsprechend leidenschaftliche Frau. Chi 3 ist mit Vorschlägen so schnell zur Hand und trägt sie mit solcher Begeisterung vor, daß andere es schwer haben, ihren Vorstellungen in der Partnerschaft überhaupt Gehör zu verschaffen. Ein etwas anstrengender Hausgenosse, da himmelhoch jauchzend und zu Tode betrübt schnell wechseln können. Er lebt zu sehr im Augenblick, um sich mit langfristigen Verpflichtungen wie der Ehe leichten Herzens abfinden zu können.

Eine lange Leine und viel Zündstoff und Action halten die Beziehung mit einem Chi-3-Typ allerdings auch auf Dauer lebendig.

Beruflich: Als harter, polternder, unermüdlich tatkräftiger, allerdings auch fairer und jovialer Chef oder Unternehmer ist er in seinem Element. Auch als Untergebener ist er durch seinen Elan und innovativen Esprit für jeden Vorgesetzten ein Gewinn – vorausgesetzt, er erwartet keinen Untertanengeist und kann ein offenes, oft auch unbequemes Wort ertragen.

Zu verkümmern droht unser Chi-3-Typ allerdings, wenn er durch starre Strukturen, lahme Kollegen und Unterforderung ausgebremst wird. Dann kann es sein, daß der Dampfkessel durch zuviel Druck explodiert – und sich der Befreite ein lohnenderes Betätigungsfeld sucht.

Spirituell: Auf jeden Fall haben wir es hier nicht mit einem bequemen Gemeindeschäfchen zu tun. Er haßt die Unterdrükkung seiner freien Entfaltung und seiner Triebregungen durch religiöse Ge- und Verbote. Er wird Heuchelei scharfzüngig entlarven und schon mal wütend die „Händler“ aus dem Tempel treiben. Wenn er auf ein unbestimmtes, wolkiges Jenseits vertröstet werden soll, wird er schnell ungeduldig. Er fordert das Paradies schon hier und jetzt und ist auch bereit, sich dafür tatkräftig einzusetzen.

Chi 4

☴

Das Jahr der großen Veränderungen

1905	1968
1914	1977
1923	1986
1932	1995
1941	2004
1950	2013
1959	2022

Die Jahre der maßgeblichen Erkenntnisse

1910	1973
1919	1982
1928	1991
1937	2000
1946	2009
1955	2018
1964	2027

Die schweren Jahre

1912	1975
1921	1984
1930	1993
1939	2002
1948	2011
1957	2020
1966	2029

Die wilden Jahre

1913	1976
1922	1985
1931	1994
1940	2003
1949	2012
1958	2021
1967	2030

Die Krisenjahre/ Neuanfänge

1906	1969
1915	1978
1924	1987
1933	1996
1942	2005
1951	2014
1960	2023

Die leichten Jahre

1908	1971
1917	1980
1926	1989
1935	1998
1944	2007
1953	2016
1962	2023

Die Jahre der Konzentration auf das Wesentliche

1909	1972
1918	1981
1927	1991
1936	1999
1945	2008
1954	2017
1963	2026

Die kargen Jahre

1911	1974
1920	1983
1929	1992
1938	2001
1947	2010
1956	2019
1965	2028

Die Jahre der Erfüllung

1907	1970
1916	1979
1925	1988
1934	1997
1943	2006
1952	2015
1961	2024

Die Lebens- und Jahresrhythmen von Chi 4

Chi-4-Menschen

Stärken/Chancen: Das *I-Ging*-Symbol für den Chi-4-Menschen ist der **Wind**. Chi 4 verfolgt seine Ziele mit Beharrlichkeit und überwindet Widerstände mit sanfter Gewalt. So wie der Wind alle Dinge umfließt und in jede Ritze dringt, reisen Wind-Menschen überallhin, nehmen alles zur Kenntnis, ohne aber irgendwo auf Dauer haften zu bleiben. Wegen seiner Beweglichkeit gelingt es Chi 4 tatsächlich, in seinem Leben sehr viele verschiedene Menschen und Situationen kennen- und verstehen zu lernen. Dadurch hat er auch ein großes Potential, durch Integration von neuen Eindrücken persönlich zu wachsen.

Jede Grenzziehung, jede Haltung der Verurteilung gegenüber anderen Menschen und Ideen kann ja als Mißachtung der göttlichen Schöpfung, der Einheit alles Lebendigen gewertet werden. Wir wachsen nur, indem wir Dinge an uns heranlassen und sie unserem bisher gesammelten Erfahrungsschatz hinzufügen, sie uns aktiv aneignen. Chi 4 ist ein Meister der nahezu grenzenlosen Akzeptanz von Allem-Was-Ist. Er vermag in allem zunächst das Gute zu entdecken und untersucht die Welt in erster Linie auf ihre „Verwertbarkeit" für die Erweiterung des eigenen geistigen Horizonts.

So wie der Liedermacher Reinhard Mey, eine Chi-4-Person, in der Lage ist, aus buchstäblich allem ein Lied zu machen, verwandelt jeder reifere Vertreter dieser Spezies gleichsam alles, was er anfaßt, zu Gold – durch die Kraft seines freundlichen, annehmenden Wesens. Aber nicht nur für andere Menschen, auch für Chi 3 selbst bringt diese geistige Ausrichtung manche Vorteile mit sich. Seine geistige Flexibilität hindert ihn daran, sich zu langweilen oder in starre Routine zu verfallen. Wer nie dogmatisch oder fanatisch denkt, erspart sich auch selbst die Qualen, die anderen gewöhnlich daraus erwachsen, daß sich Menschen und Ereignisse nur selten genau so fügen, wie man es von ihnen erhofft.

Chi 4 leistet der Realität wenig inneren Widerstand und erleidet somit auch nicht so viele energetische „Reibungsverluste". Die Weisheit, des sich vor dem Sturm biegenden Bambusrohres, die ich schon angesprochen habe, ist eigentlich die ureigenste Domäne von Chi 4. Chi-4-Menschen wirken höflich und verbindlich, weil sie die Menschen tatsächlich durch ihr sanftes, wohlwollendes Wesen miteinander zu verbinden wissen.

Schwächen/Gefahren: Die vielgerühmte Flexibilität von Chi 4 fordert natürlich auch ihren Preis. Den wechselhaften Unterneh-

3	8	1
2	4	6
7	9	5

Geburtsjahre: *1906, 1915, 1924, 1933, 1942, 1951, 1960, 1969, 1978, 1987, 1996 ...*

Trigramm: *Der Wind*

Prominente: *Raffael, Galileo Galilei, Johann Strauß (Sohn), Albert Einstein, Rudolf Steiner, Paul McCartney, Reinhard Mey*

mungen dieser Menschen fehlt ein Kraftzentrum, das ihnen Richtung und übergreifenden Sinn geben könnte. Chi 4 möchte zu viele Dinge auf einmal erfahren und lernt daher nichts wirklich gründlich kennen.

Chi-4-Menschen, die einen negativen Entwicklungsweg eingeschlagen haben, kommen vom Hundertsten ins Tausendste. Es sind Generalisten, die im Extremfall „nichts über alles" wissen. Ihr unruhiges Wesen erscheint flüchtig, wechselhaft, irgendwie nicht greifbar. Manche Chi-4-Menschen vermeiden es um jeden Preis, auf eine klare Position, auf eine feste Zusage festgelegt zu werden. Die negative Karikatur dieses Typus wäre der windelweiche Opportunist, der sich alle ein bißchen warmhalten will und dadurch niemandem wirklich nahekommt. Er verletzt Menschen durch seine Unzuverlässigkeit.

Verhalten

Erotisch: Ein auf den ersten Blick sehr charmanter, liebenswerter Partner, von dem man sich verstanden und angenommen fühlt. Kaum wird man harsche Kritik hören oder durch nervende Umerziehungsversuche belästigt werden. Andererseits dürfte sich mancher Partner eines Chi-4-Typs des Gefühls nicht erwehren können, daß er für den Liebsten keineswegs das ein und alles ist.

Der Wind-Typ wird auf vielen Hochzeiten tanzen, viele Bekannte haben, vielleicht von dieser oder jener Blume naschen wollen und, wenn man Pech hat, irgendwann auf Nimmerwiedersehen weiterflattern.

Beruflich: Der Chi-4-Typ wird seine Interessen mit sanfter Überredungskunst zu vertreten wissen, diplomatisch seine Fäden knüpfen, sich mit verschiedenen Gruppierungen innerhalb der Firma gutzustellen versuchen und somit ein allgemein beliebter Kollege sein. Manchmal erfüllt er eine wichtige Funktion für den Betriebsfrieden, denn er kann „versöhnen statt spalten". Wo es allerdings notwendig wäre, Konflikte im harten Aneinanderprallen gegensätzlicher Positionen auszutragen, wird er sich eher unwohl fühlen und möglicherweise allzu ausweichend agieren.

In der Ausbildung wird er lieber zehn verschiedene Schnupperkurse belegen als sich zu einer dreijährigen berufsbegleitenden Ausbildung verpflichten. Vielleicht wechselt er oft die Stellung, weil es ihn einfach weitertreibt zu neuen Ufern, zu neuen Erfahrungen.

Spirituell: Sein Wesen ähnelt ein wenig der göttlichen Energie Chi selbst, die alle Dinge umfließt und nur einen sanften Einfluß ausübt. Chi 4 ist aufgeschlossen und sensitiv gegenüber allen energetischen, atmosphärischen, feinstofflichen Vorgängen, allem, was nicht greif- und sichtbar ist. Er wird kaum jemals fanatisch wirken, unterschiedliche Religionen verstehen und tolerieren können und sich vielleicht aus Bruchstücken verschiedener Glaubensbekenntnisse eine ganz eigene, private Mischreligion erschaffen – deren Inhalte dann auch immer wieder dem Gesetz seines eigenen Wandels unterworfen sind.

Chi 5

Das Jahr der großen Veränderungen	Die Jahre der maßgeblichen Erkenntnisse	Die schweren Jahre
1913 1976	1909 1972	1911 1974
1922 1985	1918 1981	1920 1983
1931 1994	1927 1991	1929 1992
1940 2003	1936 1999	1938 2001
1949 2012	1945 2008	1947 2010
1958 2021	1954 2017	1956 2019
1967 2030	1963 2026	1965 2028

Die wilden Jahre	Die Krisenjahre/ Neuanfänge	Die leichten Jahre
1912 1975	1905 1968	1907 1970
1921 1984	1914 1977	1916 1979
1930 1993	1923 1986	1925 1988
1939 2002	1932 1995	1934 1997
1948 2011	1941 2004	1943 2006
1957 2020	1950 2013	1952 2015
1966 2029	1959 2022	1961 2024

Die Jahre der Konzentration auf das Wesentliche	Die kargen Jahre	Die Jahre der Erfüllung
1908 1971	1910 1973	1906 1969
1917 1980	1919 1982	1915 1978
1926 1989	1928 1991	1924 1987
1935 1998	1937 2000	1933 1996
1944 2007	1946 2009	1942 2005
1953 2016	1955 2018	1951 2014
1962 2023	1964 2027	1960 2023

Die Lebens- und Jahresrhythmen von Chi 5

Chi-5-Menschen

Stärken/Chancen: Chi 5 ist der Personentyp, dem **kein** Trigramm im *I Ging* zugeordnet werden kann. Man ist bei seiner Beschreibung weit mehr auf Beobachtung als auf traditionelle, philosophisch begründete Zuweisung von Eigenschaften angewiesen. Wichtig zum Verständnis des Chi-5-Menschen ist das Prinzip des Sowohl-als-Auch, die Einheit extremer Gegensätze. Chi 5 ist im magischen Quadrat die leere Mitte. Von dieser kosmischen Kraft geprägte Personen sind **sowohl** Mittelpunkt **als auch** ausgesparter Hohlraum, fühlen sich also vielleicht in irgendeiner Weise zu kurz gekommen. Wie im Bild des Brunnens angedeutet, sind sie sich selbst und anderen Menschen **sowohl** Lebensquell **als auch** Abgrund. Beachten Sie deshalb in der folgenden Charakteristik, daß bei Chi 5 – stärker als bei anderen Chi-Typen – meist **beide** Seiten seines Wesens, Stärken und Schwächen, gleichermaßen und gleichzeitig verwirklicht sind. Chi-5-Personen sind mit einer enormen Ich-Stärke und unbeugsamer Willenskraft ausgestattet.

Es geschieht kaum, daß man sie in der Menge übersieht oder daß sie als Mauerblümchen irgendwo unbemerkt dahindämmern. Immer sind sie etwas besonderes – so wie ihre Zahl 5 innerhalb des magischen Quadrats eine Sonderstellung einnimmt. Unterschiedlich ist nur die Art und Weise, wie sie auf sich aufmerksam machen. Viele von ihnen sind Rebellen, die innerhalb einer Gemeinschaft den Finger auf die Wunde legen, wo andere die Probleme nur kaschieren wollen. Sie besitzen eine Art trotziger Tapferkeit, mit der sie das Mißfallen anderer unbeirrbar aushalten, um ihr einmal gestecktes Ziel konsequent weiterzuverfolgen.

Nach Schicksalsschlägen, die für andere Menschen das KO bedeuten würden, richten sie sich immer wieder auf und kämpfen weiter.

Sie haben einen ausgeprägten Sinn für Gerechtigkeit und vermögen für die Opfer von schreiendem Unrecht ein zorniges Mitgefühl aufzubringen. Bei idealer Entwicklung ihrer Charakteranlagen werden sie durch hartnäckige Negation des Negativen zum positiven Leitbild und zum Neuschöpfer einer besseren Welt werden.

Schwächen/Gefahren: Hinter der vordergründigen Stärke der Chi-5-Menschen kann sich Schwäche und Hilfsbedürftigkeit verstecken, die sich die Betreffenden nicht gern eingestehen wollen. Ihr Verhalten erscheint dann oft kontraproduktiv, weil es

4	9	2
3	5	7
8	1	6

Geburtsjahre: *1905, 1914, 1923, 1932, 1941, 1950, 1959, 1968, 1977, 1986, 1995, 2004*

Chi 5 ist der Personentyp, dem ***kein*** *Trigramm im* I Ging *zugeordnet wird*

Prominente: *Ignatius von Loyola, Ludwig van Beethoven, Franz Schubert, Arthur Schopenhauer, Johannes Brahms, Heinrich Heine, Mahatma Gandhi, Marc Chagall, Slobodan Milosevic*

das genaue Gegenteil dessen provoziert, was sie eigentlich erreichen wollen: Sie suchen Liebe und vergraulen ihnen nahestehende Menschen durch schroffes und unduldsames Verhalten. Sie unterdrücken den anderen, obwohl sie sich in Wirklichkeit vielleicht nur auf jemanden stützen wollen. Ihr Leben gleicht einer Achterbahnfahrt, und ihre Gedankenwelt ist voller Schwarzweißkontraste. Es fehlt somit oft an Maß und Mitte.

Der Weg durch die Nacht zum Licht wird in der Regel durch Kämpfen und Ringen erreicht, und der Chi-5-Mensch übersieht, daß es Situationen gibt, die mit der sanften Weisheit des Geschehenlassens oder durch Vertrauen in eine langsame, organische Entwicklung viel besser gelöst werden können. Besonders schwierige Fälle scheinen mit der Negativ-Lupe durch die Welt zu gehen. Dadurch provozieren sie nicht nur ihre Mitmenschen, sondern rauben sich auch selbst jenes Glücksgefühl, das durch die Wahrnehmung des Schönen in der Welt entstehen könnte. Bei extremer Steigerung der gefährlichen Anlagen ist Chi 5 ein Abgrund oder Strudel, in den das eigene Lebensglück und das anderer Menschen hineingezogen wird.

Verhalten

Erotisch: Sie werden es hier mit einem außergewöhnlich leidenschaftlichen Menschen zu tun bekommen, wobei auch das in dem Wort enthaltene Leiden nicht zu kurz kommt. Da Chi 5 ein extremer Typ ist, sind sowohl fordernde, unersättliche sexuelle Betätigung als auch vollkommene Askese („Ich brauche niemanden!") möglich. Sie werden mit Ihrem Chi-5-Partner kein langweiliges Leben führen und durchaus das Gefühl haben, für ihn wichtig zu sein; allerdings neigt er zur Eifersucht und dürfte innerhalb der Partnerschaft die Führungsrolle beanspruchen.

Wenn Sie sich nicht von vornherein mit einer Nebenrolle in seinem Lebenslauf begnügen wollen, könnte es zu Hackordnungskämpfen kommen. Ideal ist, wenn seine und Ihre Freizeitinteressen von vornherein gut harmonieren. Ansonsten wird es anstrengend, denn er ist ein hartnäckiger Kämpfer. Sie werden möglicherweise Wechselbäder erleben und sich abwechselnd einfühlsam unterstützt und knallhart in Frage gestellt fühlen. Das kann anstrengen, enthält aber auch viel Potential für gemeinsames Wachstum.

Beruflich: Dieser Menschentyp ist, so könnte man wenigstens meinen, für die große Karriere geschaffen, da er genügend Power besitzt, um seine Interessen durchzuboxen. Schwierig wird es nur, wenn er auf Teamwork und die Unterstützung anderer angewiesen ist, wenn seine Interessen mit ebenso leidenschaftlich verfochtenen Interessen anderer kollidieren. Wenn Chi 5 lernt, ein wenig diplomatischer zu werden und anderen nicht zu oft unbequeme Wahrheiten aufzudrängen, wird es in seiner beruflichen Laufbahn sicher weniger Brüche geben. Denn ein rascher Wechsel von großartigen Erfolgen und nicht minder gewaltigen Katastrophen ist für den Lebenslauf dieser Menschen typisch.

Sie werden idealistische Projekte mit Leidenschaft vorantreiben und dabei möglicherweise über ihr Ziel hinausschießen, indem sie Mitstreiter, die sich weniger unbedingt für eine Sache engagieren, des Verrats bezichtigen. Für leitende Positionen sind sie wie geschaffen, sofern man mentale Stärke und Autorität für die wichtigsten Führungseigenschaften hält. Einen kooperativen oder für Untergebene bequemen, nachlässigen Führungsstil sollte man allerdings von einem Chi-5-Menschen nicht erwarten.

Spirituell: Hier hat man es keinesfalls mit einem hallelujasingenden Chorknaben-Engel zu tun; vielmehr gleicht Chi 5 jenem „Geist, der stets verneint“ und mit seinem Schöpfer hadert, weil er überall unter den Menschen nur Elend sieht. Über das Unrecht auf der Welt kann er sich aus tiefstem Herzen empören – nicht zuletzt, weil er sich selbst häufig als das zu Unrecht übergangene Stiefkind des Schicksals, als Kain in einer Welt voller braver Abels empfindet. Sein spiritueller Weg muß zweifellos durch eine Reihe von Tunnel-Erlebnissen führen, bevor das Licht erkennen kann, das am Ende jedes menschlichen Weges steht.

Sanftmut und Toleranz sind dem Chi-5-Menschen nicht in die Wiege gelegt worden. Er kann, sofern er sich zu einem positiven Gottesbild durchringt, zum Fanatismus neigen und die Sünde durch ein straffes System von Herrschaft und Kontrolle bekämpfen wollen. Andererseits können aus solchen Menschen wahrheitsliebende, glaubensstarke und beharrliche Kämpfer für das Gute werden, die in einer von Halbherzigkeit dominierten Welt ihresgleichen suchen.

Chi 6

Das Jahr der großen Veränderungen

1912	1975
1921	1984
1930	1993
1939	2002
1948	2011
1957	2020
1966	2029

Die Jahre der maßgeblichen Erkenntnisse

1908	1971
1917	1980
1926	1989
1935	1998
1944	2007
1953	2016
1962	2023

Die schweren Jahre

1910	1973
1919	1982
1928	1991
1937	2000
1946	2009
1955	2018
1964	2027

Die wilden Jahre

1911	1974
1920	1983
1929	1992
1938	2001
1947	2010
1956	2019
1965	2028

Die Krisenjahre/ Neuanfänge

1913	1976
1922	1985
1931	1994
1940	2003
1949	2012
1958	2021
1967	2030

Die leichten Jahre

1906	1969
1915	1978
1924	1987
1933	1996
1942	2005
1951	2014
1960	2023

Die Jahre der Konzentration auf das Wesentliche

1907	1970
1916	1979
1925	1988
1934	1997
1943	2006
1952	2015
1961	2024

Die kargen Jahre

1909	1972
1918	1981
1927	1991
1936	1999
1945	2008
1954	2017
1963	2026

Die Jahre der Erfüllung

1905	1968
1914	1977
1923	1986
1932	1995
1941	2004
1950	2013
1959	2022

Die Lebens- und Jahresrhythmen von Chi 6

Chi-6-Menschen

Stärken/Chancen: Große Ich-Stärke, Charisma und die Qualitäten eines echten Stars, der andere mit seinem Licht beglückt, erwärmt und erleuchtet – dies wäre das Charakterbild eines ideal entfalteten Chi-6-Menschen. Er ist ein wahrhaft königlicher Charakter, die geborene Führernatur, die andere zu ihrem eigenen Besten anleitet. Das Trigramm, der **Himmel**, das Chi 6 zugeordnet ist, entspricht nicht zuletzt auch dem Archetypus von Gott-Vater, des Patriarchen bzw. der Sonne als Mittelpunkt des bekannten Universums.

Chi-6-Menschen sind in der Lage, anderen von ihrer schier unerschöpflichen Kraft abzugeben. Der Chi-6-Mensch verkörpert das reine Sein, das aus sich heraus strahlt und keine andere Inspirationsquelle benötigt. Er läßt sich kaum jemals von Trübsal überwältigen und sucht immer und überall das Licht. Sein Selbstvertrauen kennt keine Bedingungen, ist nicht von Fremdlob abhängig, läßt sich kaum beirren. Er ist alles andere als ein Opportunist. Seine natürliche Autorität beruht auf Kompetenz und Weisheit. Daher beurteilt er seine Mitmenschen ungeschönt, aber gerecht, kann verzeihend und auch großzügig sein.

Schwächen/Gefahren: Im Extremfall ist Chi 6 ein herrschsüchtiger Haustyrann: Große Klappe, nichts dahinter. Er kann sich zum unbeirrbaren Vertreter der herrschenden Gesellschaftsordnung entwickeln, der jeden Abweichler unduldsam verfolgt und abkanzelt. Chi-6-Menschen möchten überall im Mittelpunkt stehen und drücken andere durch ihr charismatisches, dominantes Auftreten an die Wand. Sie dulden keine anderen Götter neben sich.

Man bedenke auch, daß Chi 6 die männliche **Yang**-Energie in Reinkultur vertritt. Er ist somit das genaue Gegenteil des duldsamen, passiven Chi-2-Typus. Bei Chi-6-Menschen, die noch keinen sehr hohen Reifegrad erlangt haben, kann dies mitunter recht anstrengend sein.

Wo solche Personen keine reale Macht (z. B. im Berufsleben) erlangen können, suchen sie sich jemanden zum Treten, irgend jemanden, dem gegenüber sie ein Gefühl der Überlegenheit auskosten können. Sie richten selbstherrlich über andere, ohne den Balken in ihrem eigenen Auge wahrzunehmen.

5	1	3
4	6	8
9	2	7

Geburtsjahre: *1904, 1913, 1922, 1931, 1940, 1949, 1958, 1967, 1976, 1985, 1994, 2003*

Trigramm: *Der Himmel*

Prominente: *Dante, Renoir, Hermann Hesse, Salvador Dali, Willy Brandt, John Lennon, Madonna, Boris Becker*

Verhalten

Chi 6 – Ein glänzender Stern im Rampenlicht

Erotisch: Dies ist wirklich einmal ein Partner zum Anlehnen. Er wird einem alle Entscheidungs- und Organisationsaufgaben abnehmen, einen mit Komplimenten und Geschenken reich segnen. Dafür fordert er aber auch etwas: die Führungsrolle. Ob Frau oder Mann, er/sie hat die Hosen an. Wo er auf einen ebenbürtigen Partner stößt, kann es leicht Hahnenkämpfe geben, oder der Chi-6-Mensch zieht sich entnervt aus der Partnerschaft zurück, weil seine Qualitäten hier nicht gebührend gewürdigt werden.

Wer diesen Menschen allerdings zu nehmen weiß, der hat mit ihm wirklich einen Sechser im Lotto gezogen, und der Himmel öffnet sich. Auch „sechsuell" ist von ihm einiges zu erwarten.

Beruflich: Man denkt hier natürlich zuerst an den „typischen Chef", und diese Rolle versucht der Chi-6-Mensch natürlich so oft es geht zu ergattern. Leider müssen sich – mangels Führungsposten – viele dieser geborenen Stars mit Nebenrollen und untergeordneten Positionen begnügen – und das ist bitter! Menschlich weniger reife Vertreter dieser Spezies werden sich als Unteroffizier noch gegenüber den Mannschafts-Chargen mit ihrer Machtposition brüsten. Aber es gibt auch solche, die der Sonnenschein jedes Betriebs sind und beständig Arbeitslust und -laune versprühen.

Der Chi-6-Mensch wird viel abgeben können (Initiative, Energie, Ideen), dafür aber nur wenig von anderen annehmen wollen (gute Ratschläge, kompetente Führung). Das kann zu Konflikten führen, da in manchen beruflichen Positionen bekanntlich auch Ein- oder Unterordnung gefordert wird.

Spirituell: Der Chi-6-Mensch sucht die göttliche Vollkommenheit in sich selbst und seinen Beziehungen zu anderen Menschen zu verwirklichen. Sein Antrieb ist das Streben nach Rückkehr zum göttlichen Ursprung. Er gibt den Impuls, die Initiative dazu und vermag dies auch an andere Menschen weiterzuvermitteln. Allerdings wählt er nicht den Weg mystischer Versenkung, um mit Gott in Kontakt zu treten.

Abbild der göttlichen Ordnung ist für ihn häufig die menschliche Ordnung. Chi 6 könnte Papst sein, wenn dieser Job nicht so selten frei würde. In der religiösen Praxis ist er häufig ein Vertreter der Altvorderen etablierter Religionen, die es gegen Ketzer und Abweichler zu schützen gilt.

Anmerkung zu **Jesus**: Die Forschung über das Leben des historischen Jesus gibt heute meist das Jahr 4 vor unserer Zeitrechnung als Geburtsjahr an. Dies ist ein Chi-6-Jahr, was uns einigermaßen einleuchtend erscheint, wenn wir Jesus als den König, das geistige Zentrum, den Inspirator einer Weltreligion ansehen. Dies muß aber angesichts der unklaren Quellenlage immer noch als Hypothese gelten. Jesus könnte auch Chi 5 oder Chi 7 gewesen sein, was andere Schlußfolgerungen nahelegen.

Chi 7

Das Jahr der großen Veränderungen

1911	1974
1920	1983
1929	1992
1938	2001
1947	2010
1956	2019
1965	2028

Die Jahre der maßgeblichen Erkenntnisse

1907	1970
1916	1979
1925	1988
1934	1997
1943	2006
1952	2015
1961	2024

Die schweren Jahre

1909	1972
1918	1981
1927	1991
1936	1999
1945	2008
1954	2017
1963	2026

Die wilden Jahre

1910	1973
1919	1982
1928	1991
1937	2000
1946	2009
1955	2018
1964	2027

Die Krisenjahre/ Neuanfänge

1912	1975
1921	1984
1930	1993
1939	2002
1948	2011
1957	2020
1966	2029

Die leichten Jahre

1905	1968
1914	1977
1923	1986
1932	1995
1941	2004
1950	2013
1959	2022

Die Jahre der Konzentration auf das Wesentliche

1906	1969
1915	1978
1924	1987
1933	1996
1942	2005
1951	2014
1960	2023

Die kargen Jahre

1908	1971
1917	1980
1926	1989
1935	1998
1944	2007
1953	2016
1962	2023

Die Jahre der Erfüllung

1913	1976
1922	1985
1931	1994
1940	2003 !
1949	2012
1958	2021
1967	2030

Die Lebens- und Jahresrhythmen von Chi 7

Chi-7-Menschen

Stärken/Chancen: Der Chi-7-Mensch kann eine leichtlebige Heiterkeit, Lebensfreude und Übermut ausstrahlen, die es für jedermann zu einem Vergnügen machen, mit ihm zusammenzusein. Er ist im Grunde eine glückliche Natur, der geborene Charmeur oder Entertainer, der alle durch seinen Witz und sein unerschöpfliches Mitteilungsbedürfnis in ihren Bann zieht. Als Großer Kommunikator schlägt er Brücken zwischen den Menschen und fördert den Austausch von Ideen.

Er kann verschlossene Menschen auftauen und Außenseiter in sein weit gespanntes Kontaktnetz integrieren. Er strahlt Ehrlichkeit aus, eine innere Wahrhaftigkeit, die aus der Bereitschaft entspringt, anderen ungehemmt und leutselig Mitteilung über das eigene seelische Innenleben zu machen: „Wes das Herz voll ist, des geht der Mund über".

Chi-7-Menschen sind häufig höchst individuelle und markante Charaktere. Sie teilen sich mit, weil ihre innere Fülle sie dazu treibt, nicht weil sie die Erwartungen anderer erfüllen möchten.

Schwächen/Gefahren: Ein Chi-7-Typ, der sich negativ entwickelt hat, ist womöglich ein oberflächlicher Schwätzer, der nichts für sich behalten kann. Er wird zum Blender, bei dem Sein und Schein weit auseinanderklaffen, der allseits unbeliebte Vertreter-Typ, der sich plappernd darüber hinwegsetzt, ob andere Menschen für seine Mitteilungen überhaupt ein offenes Ohr haben. Er walzt zurückhaltendere Menschen mit seinem Wortschwall nieder, setzt sich über ihre inneren Grenzen und vielleicht berechtigte Reserviertheit hinweg. Seine unerschütterliche Heiterkeit wirkt oft deplaziert, weil er die Schattenseiten und Probleme der Realität einfach nicht zur Kenntnis nehmen will. Auch ist seine Geschwätzigkeit eine Flucht nach vorn, mit der er es vermeidet, sich mit seinen eigenen seelischen Tiefen und Schattenseiten auseinanderzusetzen.

Im Extremfall wird aus Chi 7 ein skrupelloser Marketing-Stratege, der sich nicht scheut, Haarshampoo an Glatzköpfige zu verkaufen oder ein großspuriger Medien-Marktschreier.

Verhalten

Erotisch: Wer sprühenden Charme sucht und gut unterhalten werden möchte, wird mit einem Chi-7-Typen sicher auf seine Kosten kommen. Auch läßt sein Einfallsreichtum kaum jemals Langeweile aufkommen. Nicht jeder mag es allerdings, wenn

6	2	4
5	7	9
1	3	8

Geburtsjahre: *1903, 1912, 1921, 1930, 1939, 1948, 1957, 1966, 1975, 1984, 1993, 2002*

Trigramm: *Der See*

Prominente: *Rembrandt, Joseph Haydn, Friedrich von Schiller, Giuseppe Verdi, Richard Wagner, Sophie Scholl, Konrad Adenauer, Helmut Kohl*

der Partner in großer Runde dazu neigt, allein einen Tisch zu unterhalten. Man kommt sich selbst oft ein wenig dröge und alleingelassen neben ihm vor. Er wird sich seine Laune kaum jemals durch düsteres Grübeln und bohrend-quälende Problemgespräche in der Partnerschaft vermiesen lassen.

Durch seine lockere Art macht er es einem schwer, ihm auf Dauer böse zu sein und längere Zeit in einer schlechten Laune steckenzubleiben. Andererseits wird man, wenn ein tiefergehendes Gespräch einmal unumgänglich ist, oft das Gefühl haben, nicht zu ihm vorzudringen.

Es kann einen wahnsinnig machen, wenn er Probleme einfach nicht sehen will und ihnen mit einer bagatellisierenden Bemerkung auszuweichen versucht. Er ist nicht von Natur aus untreu, doch wird er stets viele Menschen kennen und dadurch gelegentlich der einen oder anderen Versuchung ausgesetzt sein.

Beruflich: Da er der geborene Entertainer ist und die Berufswelt in vielen Branchen zum Showgeschäft mutiert ist, stehen die Erfolgschancen des Chi-7-Menschen grundsätzlich einmal gut.

Doch man täte ihm unrecht, würde man ihn ausschließlich auf das Klischee eines Vertreters oder Late-night-Moderators festlegen. Er schafft es, wo immer er auch eingesetzt ist, Menschen zu verbinden, den Kontakt im Kollegenkreis nicht abreißen zu lassen und schwelende Konflikte durch seine lockere, humorvolle Art zu entschärfen. Damit erfüllt er in jeder Firma eine wichtige Funktion.

In beinahe jeder Branche wird jemand gebraucht, der die Vorzüge eines Produkts oder einer Dienstleistung gebührend und beredt zur Geltung bringt. Wenn das Produkt dann wirklich hält, was es verspricht, ist dagegen nichts einzuwenden ...

Spirituell: Aufgabe des Chi-7-Menschen ist es, die Schönheit und Fülle der Schöpfung in seinem heiteren, empfänglichen Geist widerzuspiegeln – so wie ein klarer Bergsee die Pracht einer Gebirgskette bei Sonnenschein. Er überwindet das Gefühl der Abgetrenntheit zwischen den Menschen, indem er freien Herzens auf sie zugeht.

Mitteilung durch Sprache, Gestik, Mimik ist ein irdisches (und notgedrungen unvollkommenes) Abbild der göttlichen Allverbundenheit, die alle Wesen eint. Hierzu benötigt der Chi-7-Mensch kein tiefgründiges philosophisches System oder mystische Gottesschau. Sein Weg zu Gott führt über die Menschen. Er kann das mitteilsame, allseits beliebte Mitglied einer Kirchengemeinde oder spirituellen Gemeinschaft sein.

Chi 8

Das Jahr der großen Veränderungen

1910	1973
1919	1982
1928	1991
1937	2000
1946	2009
1955	2018
1964	2027

Die Jahre der maßgeblichen Erkenntnisse

1906	1969
1915	1978
1924	1987
1933	1996
1942	2005
1951	2014
1960	2023

Die schweren Jahre

1908	1971
1917	1980
1926	1989
1935	1998
1944	2007
1953	2016
1962	2023

Die wilden Jahre

1909	1972
1918	1981
1927	1991
1936	1999
1945	2008
1954	2017
1963	2026

Die Krisenjahre/ Neuanfänge

1911	1974
1920	1983
1929	1992
1938	2001
1947	2010
1956	2019
1965	2028

Die leichten Jahre

1913	1976
1922	1985
1931	1994
1940	2003
1949	2012
1958	2021
1967	2030

Die Jahre der Konzentration auf das Wesentliche

1905	1968
1914	1977
1923	1986
1932	1995
1941	2004
1950	2013
1959	2022

Die kargen Jahre

1907	1970
1916	1979
1925	1988
1934	1997
1943	2006
1952	2015
1961	2024

Die Jahre der Erfüllung

1912	1975
1921	1984
1930	1993
1939	2002 !
1948	2011
1957	2020
1966	2029

Die Lebens- und Jahresrhythmen von Chi 8

Chi-8-Menschen

Stärken/Chancen: Ein solcher Mensch ist tatsächlich ein Fels in der Brandung. Beharrlich und konsequent geht er seinen Weg. Unerschütterlich steht er zu seinen Überzeugungen und zu den Menschen, denen er sich zugehörig fühlt. Kaum ein Schicksalsschlag vermag ihn aus der Ruhe zu bringen. Er weigert sich, den wechselnden Modeerscheinungen des sogenannten „Zeitgeists" nachzulaufen und widmet sich unbeirrt den tiefen und ewig gültigen Dingen, die unter der gleißenden Oberfläche der Erscheinungswelt ruhen.

Da er seine Kräfte nicht durch ständig wechselnde Aktivitäten zerstreut, spart er sich viel Energie für das wirklich Wichtige auf. So macht er alles, was er sich einmal vorgenommen hat, gut und gründlich. Man könnte ihm ein Geheimnis oder sein Leben anvertrauen. Sein ausgeprägtes Sicherheitsbedürfnis bewahrt ihn vor Leichtsinn und Fehlspekulationen. Er wird immer bemüht sein, ein paar Vorräte oder Reserven auf dem Konto zu haben und somit kein üppiges, aber ein solides und streßarmes Leben führen.

Schwächen/Gefahren: Der Chi-8-Typ gibt nichts von sich her. Er verschließt sich und verweigert sich jeglichem Austausch mit der Außenwelt. Da er wenig zu geben vermag, besteht die Gefahr, daß er auch wenig zurückbekommt und relativ unbeliebt ist oder von den anderen einfach übersehen wird. Er bewegt sich äußerlich und innerlich nur sehr langsam und wirkt dadurch starr und festgefahren in seinen Ansichten. Der konservative Betonkopf, der alles Neue und Frische schon deshalb in Bausch und Bogen verdammt, weil es für ihn ungewohnt ist.

Er kann dermaßen verschlossen und unlebendig wirken, daß andere es kaum für der Mühe wert halten, mühsam das Eis zum Schmelzen zu bringen. Der dröge Langweiler, der „typische Beamte", die graue Maus, die im Hinterzimmer solide, aber uninspiriert und von jedermann unbemerkt ihre Arbeit verrichtet. Der spießige Geizhals, der sich und anderen keine Freude gönnt, in seinen Ängsten erstarrt ist und wie der Märchendrache seine Schätze bewacht.

Verhalten

Erotisch: „Auf diese Steine können Sie bauen". Eindeutig ein Typ zum Heiraten, der das einmal beschlossene Projekt Ehe tatsächlich auch bis ins hohe Alter durchziehen kann. Auch für finanzielle Sicherheit und Stabilität in der beruflichen Laufbahn

7	3	5
6	8	1
2	4	9

***Geburtsjahre**: 1902, 1911, 1920, 1929, 1938, 1947, 1956, 1965, 1974, 1983, 1992, 2001 ...*

***Trigramm**: Der Berg*

***Prominente:** Leonardo da Vinci, J. W. v. Goethe, F. I. Dostojevskij, Kaiser Franz Joseph von Österreich, R. M. Rilke, Albert Schweitzer, Grace Kelly (Fürstin Gracia Patricia), Götz George, Heino, Rudolf Scharping*

Chi 8 – Fels in der Brandung

dürfte mit einem solchen Partner gesorgt sein. Bis es jedoch so weit ist, gilt es, einige Hürden zu überwinden. Chi 8 ist nicht die Art von Mensch, die auf den ersten Blick durch Charme und sprühenden Witz für sich einnimmt. Er wird sich anfangs so reserviert und verschlossen geben, daß es sehr schwer ist, zu ihm durchzudringen. Falls er Sie liebt, seien Sie sicher, daß Sie anfangs nichts davon merken. Wenn jedoch die Mauern gefallen sind und die Entscheidung steht, haben Sie sich wahrhaft eine treue Seele geangelt. Er wird auch in der festen Partnerschaft nicht zum Volksredner mutieren, schließlich möchte er so wie er ist und möglichst ohne viele Worte geliebt werden, aber Sie können mit einem solchen Menschen einen nie gekannten inneren Frieden und Halt in allen Lebensstürmen finden.

Beruflich: Hier kann jeder Chef solide Wertarbeit erwarten und muß nicht befürchten, daß sein Chi-8-Angestellter nach einem Jahr wieder kündigt, bloß, um „mal was Neues" kennenzulernen. Diese Menschen fühlen sich eher in einem beruflichen Klima zu Hause, wie es noch vor zwanzig oder dreißig Jahren geherrscht haben muß: ein klares Berufsbild und klar umrissene Kompetenzen, die ihm, einmal erworben, ein lebenslanges Auskommen garantieren – möglichst noch in ein und derselben Firma.

Lebenslanges Lernen und ständige Anpassung an immer neue technische und gesellschaftliche Rahmenbedingungen sind nicht ihre Sache. Auch die kreative Arbeit im Team fällt ihnen schwer; sie sind eher Eigenbrötler. Als Chef werden sie darüber wachen, daß im wesentlichen alles beim Alten bleibt. Jung-dynamische Angestellte, die täglich mit neuen Rationalisierungsvorschlägen ankommen, werden sich von ihnen blockiert fühlen. Sie sind keinesfalls Senkrechtstarter, die kometenhaft am Karrierehimmel aufsteigen. Durch ihren Fleiß und ihr Gespür für bleibende Qualität können sie sich aber in fast jeder Branche langsam, aber sicher hocharbeiten.

Spirituell: Wenn sich ein solcher Mensch mit religiösen Fragen beschäftigt, so ist die ihm gemäße Daseinsform die des Mönches oder Meditierenden. Auch solche Chi-8-Typen, die nicht wirklich ein Gelübde ablegen, werden immer etwas Mönchisches an sich haben.

Chi 8 zieht seine Sinne und seine Aufmerksamkeit von der Außenwelt ab, um sich ganz in seine Innenwelt versenken zu können. Er macht wenig Aufhebens um seine Person, um schöne Kleidung und äußeren Prunk, verlangt wenig für sich und kann sich mit dem Notwendigsten bescheiden. Innere Werte sind ihm einfach wichtiger: Der Meditierende im Lotussitz hat in seiner äußeren Starre, mit der er über viele Minuten, vielleicht Stunden ausharrt, auch Ähnlichkeit mit einem Berg.

Im Inneren des Chi-8-Menschen mag sich ein reiches, blühendes spirituelles Leben regen, aber er vermag es nicht an andere Menschen weiterzuvermitteln, seine Religiosität bleibt unsozial. Spirituell gelungene Chi-8-Lebenswege gipfeln in mystischen Erfahrungen, in wirklichem Kontakt zu den Tiefen des eigenen Bewußtseins; weniger reife Vertreter dieser Spezies werden nur das Mittel dazu kultivieren (das Stillwerden, das Erstarren), ohne damit auch den Zweck zu erreichen. Sie werden dogmatisch an den Konventionen ihrer einmal antrainierten Form der Religionsausübung festhalten.

Chi 9

Das Jahr der großen Veränderungen

1909	1972
1918	1981
1927	1991
1936	1999
1945	2008
1954	2017
1963	2026

Die Jahre der maßgeblichen Erkenntnisse

1905	1968
1914	1977
1923	1986
1932	1995
1941	2004
1950	2013
1959	2022

Die schweren Jahre

1907	1970
1916	1979
1925	1988
1934	1997
1943	2006
1952	2015
1961	2024

Die wilden Jahre

1908	1971
1917	1980
1926	1989
1935	1998
1944	2007
1953	2016
1962	2023

Die Krisenjahre/ Neuanfänge

1910	1973
1919	1982
1928	1991
1937	2000
1946	2009
1955	2018
1964	2027

Die leichten Jahre

1912	1975
1921	1984
1930	1993
1939	2002
1948	2011
1957	2020
1966	2029

Die Jahre der Konzentration auf das Wesentliche

1913	1976
1922	1985
1931	1994
1940	2003
1949	2012
1958	2021
1967	2030

Die kargen Jahre

1906	1969
1915	1978
1924	1987
1933	1996
1942	2005
1951	2014
1960	2023

Die Jahre der Erfüllung

1911	1974
1920	1983
1929	1992
1938	2001
1947	2010
1956	2019
1965	2028

Die Lebens- und Jahresrhythmen von Chi 9

Chi-9-Menschen

Stärken/Chancen: Feuer bedeutet hier nicht Zerstörung, sondern vielmehr Wärme und vor allem eines: Licht, Geist, Bewußtsein: Haupttriebkraft des Chi-9-Menschen ist immer die Suche nach dem Licht. Gemeint ist zunächst das Licht der Erkenntnis, dann aber auch das Licht einer positiven Lebensauffassung. Ein solcher Mensch kann die Schattenseiten des Lebens nicht ertragen, ohne sie sogleich mit der klaren Kraft seines Geistes auszuleuchten.

Das intellektuelle Begreifen und Sezieren der Wirklichkeit nimmt ihm die Angst vor dem Unbekannten. Der unermüdliche Forschergeist von Chi 9 strebt nach Wissen durchaus auch als Selbstzweck, ohne daß es praktische Vorteile mit sich bringen würde. Es geht um die aktive Erweiterung des eigenen Horizonts durch expansives Lernen und Untersuchen. Er ist der ideale Lehrer und Aufklärer, der auch andere Menschen mit seiner Geistesklarheit erleuchten kann. Oft eine strahlende Persönlichkeit, die Wärme und Inspiration geben kann. Er ist vorausschauend und plant mit kühlem Verstand wie jemand, der sich auf einer Nachtwanderung mit seiner Taschenlampe selbst den Weg leuchtet, um nicht zu stolpern oder in Fallen zu tappen.

Schwächen/Gefahren: Chi 9 neigt dazu, jenen Teil der Realität auszublenden, den wir als Schatten bezeichnen können: das Unsichtbare, das nicht Greifbare, Geheimnisvolle. Dies gilt vor allem auch für die dunklen Seiten seines eigenen Wesens. Man kann sich diesen Menschentyp z. B. als intellektuellen Spötter vorstellen, der mit schneidender Rhetorik alles widerlegt, was nicht in sein helles, rationales Tagesweltbild paßt. Er ist damit für etwas mystischere Naturen nicht nur ein unbequemer Zeitgenosse, er bringt sich auch selbst um die Schätze, die jener verborgene Teil seines Ichs beinhalten mag. Es mag sein, daß das Dunkle manchmal unwillkürlich und dann unkontrollierbar oder gar destruktiv in ihm hochkommt. Oder daß es ihm, scheinbar ohne daß er es verdient, von außen, in Gestalt anderer Menschen begegnet, die es dann zu bekämpfen gilt.

Verhalten

Erotisch: Oft ist Chi 9 durchaus das, was man von einem feurigen Liebhaber erwarten würde, ein begeisterter und begeisternder Gesprächspartner, mit dem sich ganze Feuerwerke kreativer Gedanken entzünden lassen. Seine überwiegend positive Ausstrahlung und die berechenbare Klarheit seines Wesens

8	4	6
7	9	2
3	5	1

Geburtsdaten: *1901, 1910, 1919, 1928, 1937, 1946, 1955, 1964, 1973, 1982, 1991, 2000*

Trigramm: *Das Feuer*

Prominente: *J. S. Bach, W. A. Mozart, T. A. Edison, Sigmund Freud, Franz Kafka, Winston Churchill, Konstantin Wecker, Bill Clinton, Monica Lewinsky*

werden ihn für viele zum idealen Partner machen. Manchmal kann man sich als Lebensgefährte eines Chi-9-Typs jedoch durch dessen beißende Kritik verletzt fühlen, vor allem wenn er mit der Analyse Ihrer Schwächen haargenau ins Schwarze trifft. Romantiker könnten sich an seiner Seite ein wenig ernüchtert fühlen, denn er ist oft der umsichtige, vorausschauende, praktisch veranlagte Techniker des Lebens, der sich nicht gern in ausschweifenden Phantastereien und fruchtlosen Negativ-Gedanken verliert.

Beruflich: Hier werden Sie es häufig mit einem überaus beliebten Kollegen zu tun haben, der anderen mit seinem Wissen und seiner Kompetenz weiterhilft, sich jedoch nicht in berufsfremden Empfindlichkeiten oder Beziehungskisten verliert. Er kann gut auf der Sachebene argumentieren und strahlt dennoch stets genügend Wärme und Begeisterung aus, so daß man sich in seiner Nähe wohl fühlen kann. Chi-9-Typen denken vorausschauend, messerscharf und analytisch und werden – sofern sie nicht ohnehin Wissenschaftler oder Techniker sind – in jedem Berufszweig auf eine sehr technikbezogene und rationale Weise vorgehen. Als Vorgesetzte haben sie einen scharfen Blick für die Schwachstellen ihrer Mitarbeiter und werden dies auch glasklar und schonungslos darzulegen wissen, ohne dabei aber durch unsachliche, abwertende Kritik über ihr Ziel hinauszuschießen. Insgesamt also ein guter Stern für das berufliche Fortkommen.

Spirituell: Als spirituell Suchender wird der Chi-9-Typ nach Erleuchtung streben. Dies bedeutet zunächst, daß er bestrebt ist, die Nebelschleier des Irrationalen und Spekulativen aufzulösen, von denen religiöse Vorstellungen häufig umgeben sind. Er wird nur das als religiöse Wahrheit annehmen, wozu auch sein Verstand ja sagen kann und hochtrabende Theorien auch darauf überprüfen, ob sie zur praktischen Nutzanwendung taugen.

Was kann ich mit diesen Charakterbeschreibungen anfangen?

Lassen Sie sich nicht in ein Raster zwängen – doch erkennen Sie Muster

Erinnern Sie sich bitte an mein Vorwort zurück, in dem ich sagte, daß Sie als Rose wohl eine voll erblühte Rose, niemals aber eine Lilie oder eine Tulpe werden können. Wenn Sie mit Persönlichkeits-Feng-Shui arbeiten möchten, dann bedeutet das zunächst, daß Sie versuchen sollten, **der Mensch zu werden, der Sie sind**. Sie können z. B. als Chi-1-Typ versuchen, dem Ideal nachzustreben, das ich im Rahmen Ihrer Charakteranalyse unter der Rubrik „Chancen" beschrieben habe. Sie sollten aber – und das ist wichtig! – als Chi-1-Mensch nicht versuchen, ein „idealer Chi-2-Typ" zu werden, wie ich ihn unter „Chi 2: Stärken/Chancen" beschrieben habe. Damit würden Sie sich übernehmen und Ihrer wahren Natur nicht gerecht werden.

Ich habe in meinem Vorwort ebenfalls gesagt, daß die Menschen aufhören sollten, sich in mannigfachen Kämpfen aufzureiben. Dies bedeutet konkret dreierlei:

1. Nicht werden wollen, was man nicht ist – siehe oben. Lernen Sie, sich anzunehmen, wie Sie sind, und Sie werden sich gerade deshalb zum Positiven verändern. Denn darin liegt der Trick: Wenn ich mich selbst schätze und achte, dann bin ich es mir auch wert, mich aus der Umklammerung von Charakterschwächen zu befreien, die mich bisher in meiner Entfaltung behindert haben.
2. Charakterliche Schwächen nicht brutal unterdrücken, sondern sie behutsam und langfristig verwandeln. Auch der Versuch sanfter Umerziehung stößt allerdings manchmal an naturgegebene Grenzen. Als Grundregel gilt: Eher Stärken fördern als Schwächen bekämpfen.
3. Die Stärken und Schwächen anderer Menschen realistisch erkennen und nicht versuchen, aus diesen Personen etwas zu machen, was sie nicht sind.

Wenn Sie sich in den gegebenen Beschreibungen – wenigstens teilweise – wiederfinden, so freuen Sie sich. Sie sind vielleicht auf ein neues Steckenpferd oder ein Werkzeug ernsthafter Selbsterforschung gestoßen.

Sollten Sie sich darin überhaupt nicht wiedererkennen, so bitte ich Sie, bevor Sie das System in Bausch und Bogen verdammen, einen zweiten Versuch zu wagen. Schauen Sie genauer hin und geben Sie dem Persönlichkeits-Feng-Shui eine zweite Chance.

Der kritische und kreative Umgang mit „Chi-Schubladen"

Für diese Bitte habe ich einen guten Grund. Ich möchte nicht bevormundend sein wie gewisse Psychotherapeuten, deren Untersuchungsmethode sich immerfort selbst bestätigt, weil sie überall dort, wo der Patient ihnen widerspricht, einen Widerstand vermutet. Dennoch möchte ich Sie anregen, folgendes zu bedenken:

- Gerade negative Darstellungen des eigenen Charakters weisen wir oft allzu leichtfertig von uns, weil wir uns mit einer unbequemen Wahrheit nicht auseinandersetzen wollen. Wenn Sie die kritischen Darstellungen anderer Menschen für zutreffend halten, Ihre eigene aber für vollkommen verfehlt, sollten Sie vielleicht mißtrauisch werden und in sich gehen.
- Persönlichkeits-Feng-Shui-Analysen betreffen einen Charakterkern, der auf der Oberfläche nicht immer klar und auf den ersten Blick erkennbar ist. Oft ist ein tieferes Nachdenken über die eigenen verborgenen Triebkräfte notwendig, bevor wir die Weisheit von Persönlichkeits-Feng-Shui erkennen.
- Andere Einflußfaktoren prägen Ihren Charakter natürlich **zusätzlich** zu den kosmischen Kräften des Persönlichkeits-Feng-Shui. Es sind dies vor allem Vererbung, Milieu, Erziehung, Berufsleben, der Einfluß der Menschen, mit denen Sie sich umgeben, Ihr Horoskop gemäß der westlichen Astrologie usw. Es kann sein, daß Sie sich mit diesen anderen Merkmalen – zumindest zeitweise – mehr identifizieren als mit den Merkmalen gemäß Persönlichkeits-Feng-Shui. Dadurch verlieren letztere aber nichts von ihrer Gültigkeit.
- Es könnte sein, daß Ihre Eigenschaften gemäß Persönlichkeits-Feng-Shui **unterdrückt** worden sind, weil sie den Menschen, von denen Sie erzogen und beeinflußt wurden, nicht in den Kram paßten. Beinahe noch wahrscheinlicher ist es, daß **Sie selbst** versucht haben, sich zu unterdrücken. Dies ist, gerade wenn es um die negativen Eigenschaften geht, oft auch verständlich. Aber natürlich kann eine gelungene Umerziehung Ihren Chi-Typ bis zur Unkenntlichkeit verwischen. Möglicherweise haben Sie sogar etwas unternommen, was die Psychologie Überkompensation nennt. Das bedeutet, Sie haben versucht, gewisse unliebsame Eigenschaften durch übertriebene Betonung des **Gegenteils** auszulöschen. Wer z. B. als Chi-2-Typ von mehreren Partnern wegen seiner Gutmütigkeit ausgenutzt wurde, könnte versucht sein, die Konsequenz daraus zu ziehen und sich beim nächsten Liebhaber

besonders stark, unbeugsam und egozentrisch zu geben. Solche Fälle sind nicht einmal besonders selten. Sie können, falls Sie das Gefühl haben, kein richtiger Chi-2-Typ zu sein, einmal darüber nachdenken, ob diese Beschreibung gut auf Ihren **früheren** Charakter paßt. Vielleicht ist es ja auch so, daß Sie Chi-2-Eigenschaften an **anderen** Menschen extrem ärgern (das allzu Weichliche, Passive, Nachgiebige). Wenn dies der Fall ist, dann können Sie erwarten, daß Sie mit der Chi-2-Energie Ihre eigene liebe Not haben.

Anregungen, die helfen, im Einklang mit der eigenen Energie zu handeln

Mit wem kann ich?

Deutung menschlicher Beziehungen mit Hilfe von Persönlichkeits-Feng-Shui

Das Persönlichkeits-Feng-Shui arbeitet in bezug auf die Partner-analyse mit dem System der 5 Elemente und ihrer Bezüglich-keiten

Es gehört zu den am häufigsten an Astrologen und Horoskope gerichteten Fragen: „Wer paßt zu mir? Hat eine emotionale Bindung oder Heirat mit XY angesichts unserer astrologischen Konstellation überhaupt eine Zukunft?“

Solche Fragen sind legitim, obwohl man eine Partnerwahl nie einzig und allein von solchen Faktoren abhängig machen sollte. Auch die 9-Sterne-Astrologie vermag Antwort darauf zu geben. Sie kann es durch ein tiefes Verständnis der in jedem Menschen wirksamen vorherrschenden Energien. Und sie tut es auf eine typisch chinesische Weise: mit Hilfe der Lehre von den fünf Elementen.

Wandlungsstufen des Lebens: Die fünf Elemente

Die **Fünf-Elemente-Lehre** ist mittlerweile auch im Westen populär geworden. Sie nimmt heute in zahlreichen Disziplinen chinesischer Philosophie und Selbsthilfepraxis eine zentrale Rolle ein. So kann man z. B. in Ratgebern über die Einrichtungskunst *Feng Shui* lesen, daß man bestimmte Farben nicht miteinander kombinieren sollte, weil die eine Farbe Feuer, die andere dagegen Wasser sei. Zwei Farben, wie beispielsweise Rot und Blau, „beißen“ sich, sind miteinander unvereinbar und schaffen ein unharmonisches Gesamtbild. Zwei Menschen sind wie Feuer und Wasser, sagt nicht umsonst eine Redensart. Deshalb sollte in der Küche der Herd (Feuer) niemals neben der Spüle (Wasser) stehen.

Ebenso gibt es Fünf-Elemente-Kochbücher, die uns raten, bestimmte Lebensmittel nicht miteinander zu kombinieren. „Feuer-Menschen“ sollten nicht zu viele scharfe Gewürze essen, um nicht übermäßig erregt zu werden und mit Bluthochdruck oder Hyperaktivität zu reagieren; dagegen könnte der behäbige Erde-Mensch im doppelten Sinne ruhig ein bißchen mehr Pfeffer vertragen.

Um die Fülle solcher auf den ersten Blick verwirrend und vielleicht willkürlich erscheinenden Details besser verstehen zu lernen, müssen wir uns die ursprüngliche Bedeutung jener fünf Elemente betrachten, die ich korrekter als die **5 Wandlungsphasen** bezeichnen möchte. Die alten Weisen hatten durch sorgfältige Naturbeobachtung herausgefunden, daß sich alles Lebendige nach bestimmten Gesetzmäßigkeiten entwickelt. Sie haben hierzu einen Lebenszyklus von 5 Phasen entworfen. Diesem Zyklus ist alles unterworfen, was auf Erden im Wandel begriffen ist: Das Wachstum von Pflanzen, von Tieren und Menschen, aber auch die Entwicklung von Projekten, die Erfolgsbilanz von Firmen und das Werden und Vergehen ganzer Zivilisationen. Diese fünf grundlegenden Phasen sind: **Schöpfung**, **Wachstum**, **Reifung**, **Vollendung** und **Auflösung**.

Beziehungen spiegeln sich oft in Phasen von Schöpfung, Wachstum, Reifung, Vollendung und Auflösung

Die Chinesen fanden hierfür, wie es ihre Gewohnheit ist, poetische Namen, die dem Bilderschatz der Natur entnommen sind: **Holz**, **Feuer**, **Erde**, **Metall** und **Wasser**. Da wir die 5 Wandlungsphasen im folgenden hauptsächlich im Zusammenhang mit dem menschlichem Charakter betrachten wollen, ist es interessant, die Elemente mit den Phasen des menschlichen Lebenszyklus in Verbindung zu bringen. Jedem Element entspräche dann, wie in der folgenden Tabelle, eine Altersstufe.

Holz	Schöpfung, Erwachen, Anfang, Initialzündung	***Kindheit***
Feuer	Wachstum, Triebkraft, Energie, Expansion	***Jugend***
Erde	Reife, Ruhe, Etablierung, Fruchtbarkeit	***Mittleres Lebensalter***
Metall	Vollendung, Weitergabe von Wissen	***Reife Erwachsenenjahre***
Wasser	Auflösung, Verfall, Tod, Latenz	***Alter***

Wie wir uns denken können, teilten die Chinesen nicht nur Farben und Nahrungsmittel, sondern auch ganze Jahre den fünf Elementen zu. Sie fanden durch Beobachtung heraus, welches der Elemente das betreffende Jahr mit seiner spezifischen Energie am stärksten prägte. Auf ein Feuerjahr folgte stets ein Erde-Jahr, sodann zwei Metall-Jahre hintereinander, wieder ein Erde-Jahr, dann zweimal Holz, ein drittes Mal Erde und als Abschluß Wasser. Wie wir sehen, entspricht die Reihenfolge nicht genau dem Wachstums- und Verfallszyklus der 5 Wandlungsphasen. Die Elemente erscheinen in der Abfolge der Jahre durcheinandergemischt.

Die Chinesen vermögen alles, was sich zwischen Himmel und Erde befindet, den 5 Elementen zuzuordnen

Ebenso wird Ihnen auffallen, daß wir es wieder einmal mit einem Zyklus von 9 Jahren zu tun haben. Denn nach dem letzten Jahr des ersten Durchlaufs, beißt sich die Katze in den Schwanz, und es geht mit einem Feuerjahr weiter. Da wir aus dem Persönlichkeits-Feng-Shui bereits einen anderen 9-Jahres-Zyklus kennen, den Zyklus der 9 kosmischen Kräfte, wäre es nun interessant, beide miteinander in Deckung zu bringen. Somit ergibt sich folgendes Schema:

Element	Jahr	*Chi*-Zahl	Trigramm
Feuer	z. B. 1991	9	Feuer
Erde	z. B. 1992	8	Berg
Metall	z. B. 1993	7	See
Metall	z. B. 1994	6	Himmel
Erde	z. B. 1995	5	–
Holz	z. B. 1996	4	Wind
Holz	z. B. 1997	3	Donner
Erde	z. B. 1998	2	Erde
Wasser	z. B. 1999	1	Wasser

Es gibt Chi-Typen, die jugendlich und expansiv wirken, andere strahlen eher Reife und Vollendung aus

Wie wir sehen, können die Bezeichnungen der 5 Wandlungsphasen und die der 8 Trigramme leicht miteinander verwechselt werden. Dies kann zu Verwirrungen führen, denn in der Tat bedeutet Erde als Wandlungsphase nicht dasselbe wie Erde als Trigramm, obwohl deren Charakteristika natürlich gewisse Parallelen aufweisen. Die Namen der Trigramme 1 (Wasser), 2 (Erde) und 9 (Feuer) sind identisch mit den Namen der entsprechenden Wandlungsphasen; andererseits ist auch das Trigramm Berg dem Element Erde zugeteilt, See entspricht Metall usw.

Wenn wir die uns wohlbekannten neun Charaktertypen (Chi-Typen) nun den 5 Wandlungsphasen in ihrer **natürlichen** Reihenfolge (also dem 5-Phasen-Zyklus von Werden und Vergehen) zuordnen, so ergibt sich folgendes Bild:

Schöpfung, Anfang, Kindheit	Holz	Chi 3, Chi 4
Wachstum, Expansion, Jugend	Feuer	Chi 9
Reife, Etablierung, mittleres Lebensalter	Erde	Chi 2, Chi 5, Chi 8
Vollendung, reiferes Erwachsenenalter	Metall	Chi 6, Chi 7
Auflösung, Verfall, Alter	Wasser	Chi 1

Dieses Schema erlaubt uns, dem Verständnis der neun Chi-Typen neue Aspekte abzugewinnen: Chi 3, Chi 4 und Chi 9, so könnte man es überspitzt ausdrücken, sind ihrem Wesen nach jugendliche Charaktertypen; dies gilt selbst dann, wenn ein

Mensch, der unter dem Einfluß dieser Chi-Energie steht, schon sehr alt ist. Umgekehrt haben Chi 6, Chi 7 und vor allem Chi 1 eine innere Verbindung zum Wesen älterer Menschen, selbst dann, wenn die betreffenden Personen individuell betrachtet noch ganz jung sind.

Man könnte demnach, vereinfacht betrachtet, folgende „Pauschalbiographie der Menschheit" entwerfen:

Kindheit (Holz)

Chi 3 und Chi 4

1. Variante: Es beginnt mit Zeugung und Geburt, einer Initialzündung des Lebens, die den Menschen aus der Latenz mit einem Donnerschlag in die Sichtbarkeit katapultiert. Der kleine Erdenbürger taumelt noch etwas ungelenk, überall aneckend und mit wenig Gefühl für die Bedürfnisse und Belastungsgrenzen seiner Mitmenschen auf seinem neuen Spielplatz umher. (Chi-3-Typ: der Donner)

2. Variante: Das Kind probiert mal dies, mal das aus und versucht sich durch mehr oder weniger flüchtige und wahllose Berührung die Welt einzuverleiben, sich einen Überblick über das gesamte Repertoire des Existierenden zu verschaffen; es bewahrt sich bei all dem stets eine heitere, unbedarfte Neugier. (Chi-4-Typ: der Wind)

Jugend (Feuer)

Chi 9

Der jugendliche Heranwachsende durchstreift mit feuriger Gefühlsstärke und noch ungetrübt strahlendem Selbstbewußtsein die Welt, versucht die Dinge mit dem Licht seines kritischen Verstandes zu erforschen und zu erhellen. (Chi-9-Typ: Feuer)

Mittleres Lebensalter (Erde)

Chi 2, Chi 5 und Chi 8

1. Variante: Der Erwachsene lernt, daß seine Selbstverwirklichung durch die Interessen anderer an Grenzen stößt, eignet sich die Tugenden der Rücksichtnahme und des Altruismus an, wird so zu reiferer Partnerschaft fähig und kann als Vater oder Mutter neues Leben geben. (Chi-2-Typ: die Erde)

2. Variante: Die Begegnung mit den Schattenseiten des Lebens, die ihm der geschützte Übungsraum der Jugend noch erspart hatte, läßt den Erwachsenen mit seinem Schicksal hadern und gegen die Ordnung der Dinge aufbegehren – mit der Folge eines ziemlich schweren, zerrissenen, kämpferischen Lebensweges. (Chi-5-Typ)

3. Variante: Der Erwachsene nimmt vom stürmischen Aktivismus der Jugend Abstand, zieht sich vom oberflächlichen

Treiben des Marktes zurück und widmet sich im stillen den tiefen und wesentlichen Dingen des Lebens; findet seine Erfüllung auch im soliden Arbeitsalltag eines etablierten Erwerbslebens. (Chi-8-Typ: der Berg)

Spätere Erwachsenenjahre (Metall)

Chi 6 und Chi 7 *1. Variante*: Der ältere Erwachsene ist in seiner Identität so weit gefestigt, daß er andere Menschen anleiten und führen kann, zum Vertreter und Verteidiger etablierter Ordnungen wird und die Ernte seiner reifen Lebensleistung in Form von Einfluß und Anerkennung einfahren möchte. (Chi-6-Typ: der Himmel)

2. Variante: Der ältere Erwachsene, der sich den früher zentralen Verpflichtungen von Ehe und Kindererziehung nun etwas entziehen kann, orientiert sich wieder mehr nach außen, streut seine Kontakte breiter und läßt andere mitteilsam an seinem Erfahrungsschatz teilhaben; er vermeidet allerdings aus reifer Erfahrung jedes zu tiefe Einlassen auf menschliche Beziehungen und problematische Aspekte des Daseins, um nicht verletzbar zu werden. (Chi-7-Typ: der See)

Alter (Wasser)

Chi 1 Der alte Mensch ist des bunten Treibens auf der Erde müde geworden, versucht nicht mehr krampfhaft nach außen hin zu wirken und versteckt sich vor dem vereinnahmenden Zugriff der Menschen in einer unzugänglichen Innenwelt, die ihn immer mehr dem Mystischen und Jenseitigen mit seinen Kehrseiten – Verfall und Tod – näher bringt. (Chi-1-Typ: das Wasser)

Wenn wir die hier skizzierten Erkenntnisse unserem bisherigen Bild der neun Chi-Typen hinzufügen, so sind wir zweifellos in der Lage, sie noch tiefer zu verstehen. Das Schema der Altersstufen ermöglicht einen einfachen, raschen und sehr einleuchtenden Zugriff auf das Wesen der neun Energieformen. Dadurch besteht natürlich auch die Gefahr unzulässiger Vereinfachung. Insbesondere sollte nicht versucht werden, eine falsche Hierarchie zwischen den Chi-Typen herzustellen (z. B.: „Je niedriger die Chi-Zahl, desto erwachsener, reifer und weiser der Mensch". Solche Verallgemeinerungen sind Unsinn!). Chi 1 hat zweifellos etwas von einem in sich gekehrten alten Menschen, der mit der Welt abgeschlossen hat, von der Melancholie des Sonnenuntergangs oder von den Décadence-Phasen untergehender Kulturepochen. Ebenso hat Chi 3 etwas vom tapsigen Ungestüm des Kindes und von der erfrischenden Energie eines Frühlingsgewitters, doch damit sind beileibe nicht alle Aspekte im Charakter dieser Menschen erfaßt. Auch hat jede Wandlungsstufe die ihr eigene Funktion und ihre spezifische Qualität. Ohne die Latenzphase von Chi 1 (der Winter-Kraft), wäre der Neuanfang von Chi 3 nicht denkbar.

Alle Gedankengänge mit der Tendenz, daß es bessere oder schlechtere Chi-Kräfte gibt, sind zu verwerfen. Denken Sie immer an das Beispiel Chi 3, welches die Chi-Kraft von Adolf Hitler, aber auch diejenige von Prinzessin Diana und des Bildhauers Michelangelo ist. Ist Chi 3 nun also gut oder böse? Wir müssen hinter die Oberfläche des auf den ersten Blick Erkennbaren schauen, um hinter das Geheimnis von Persönlichkeits-Feng-Shui zu kommen, dann wird es uns eine ungeahnte Tiefe an verborgenem Wissen enthüllen.

Mutter und Kind, Bruder und Schwester: Energiezyklen des Lebens

Es gibt Menschen die gut und besser miteinander harmonieren, und Menschen, die dies weniger gut bis schlecht können

Wenn wir nun zu unserer Anfangsfrage zurückkehren: „Welcher Chi-Typ paßt zu mir?“, so sind wir der Antwort nun wohl schon ein Stückchen nähergekommen. Wenn wir beim Bild der verschiedenen Altersstufen bleiben, so wird es einleuchten, daß ein „ganz alter“ Chi-1-Wasser-Typ nicht gut mit einem voll im Saft stehenden Chi-2-Erde Typ harmoniert. Hier kann es zu erheblichen Generationenkonflikten kommen. Seltsamerweise verstehen sich aber – wie oft im richtigen Leben – der Opa (Chi 1) und das Enkelkind (Chi 2 oder Chi 3) erstaunlich gut. Beide liegen ja auch – in einem zyklischen Lebensmodell – ganz nahe beieinander. Geht man vom Bild der Reinkarnation oder Wiedergeburt aus, so folgt die Phase der frühen Kindheit unmittelbar auf die des Alters. Von diesem Sonderfall abgesehen, kann man sagen, daß sich diejenigen Menschentypen am besten verstehen, die hinsichtlich ihrer Altersstufe benachbart sind – so wie in der Realität der Teenager vielleicht noch einigermaßen mit dem jungen Erwachsenen kommunizieren kann, der gerade kurz vor der Familiengründung steht. Schwierig wird es erst, wenn er einem gesetzten, vielleicht etwas bevormundend wirkenden Vertreter der übernächsten Altersstufe begegnet.

Die Chinesen haben aus diesen Beobachtungen ein einfaches Kreisdiagramm entwickelt, das auf den ersten Blick erkennen läßt, welche der Wandlungsphasen einander benachbart sind, welche sich also in positiver Weise fördern und miteinander harmonieren:

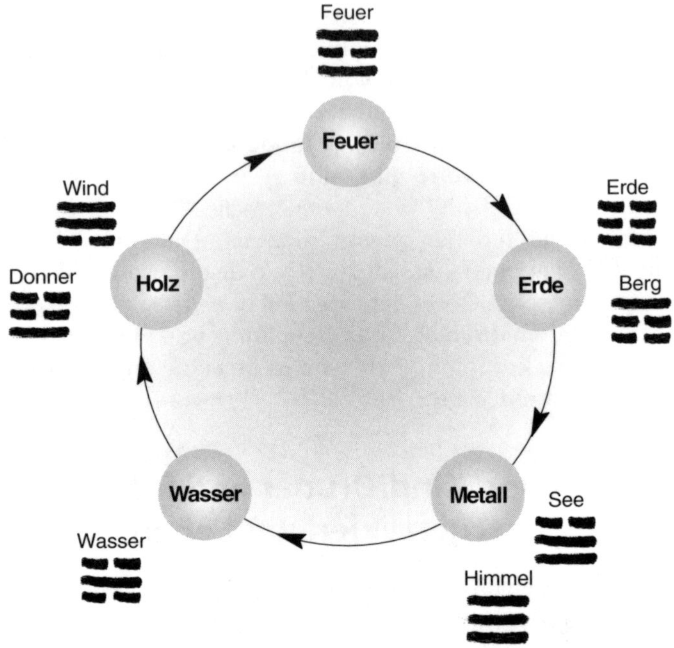

Der Fütterungskreislauf zeigt, welche Energien sich in positiver Weise fördern und miteinander harmonieren

Wie Sie sehen, sind die Pfeile zwischen den Wandlungsphasen im Uhrzeigersinn gezeichnet. Dies entspricht der Richtung des Energieflusses innerhalb des Zyklus. Das vorherige Element (z. B. Holz) gibt stets Energie an das nachfolgende Element (z. B. Feuer) ab, weshalb man auch von einem **Fütterungskreislauf** spricht. Andere Autoren drücken sich so aus, daß Holz die Mutter von Feuer, Feuer somit das Kind von Holz sei. Dieses poetische Bild gibt etwas von dem tatsächlichen Sachverhalt wieder: Das vorherige Element nährt das nachfolgende, indem es ihm etwas von seiner Kraft abgibt. Diese Beobachtung wird uns bei der Analyse der Beziehungen zwischen den einzelnen Chi-Typen – die ja jeweils bestimmten Elementen zugeordnet sind – noch hilfreich sein.

Zeichnet man den Kreis in umgekehrter Richtung (Pfeile gegen den Uhrzeigersinn), so erhalten wir den sogenannten **Erschöpfungskreislauf**. Das im Zyklus nachfolgende Element (Kind) erschöpft das vorhergehende (Mutter), indem es ihm etwas von seiner Energie entzieht. Dennoch kann das Verhältnis der beiden als harmonisch gelten, da Geben und Nehmen einander natürlich ergänzen. Und man weiß ja: Nicht immer ist der nehmende Teil in einer Partnerschaft automatisch der glücklichere.

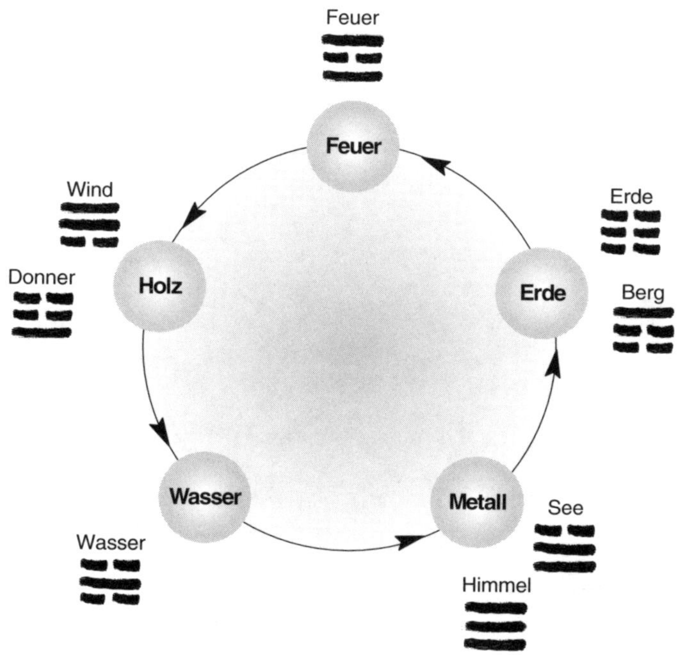

Der Erschöpfungskreislauf läuft dem Fütterungs-kreislauf entgegengesetzt und zeigt, welche Energien sich erschöpfen bzw. Kraft nehmen

Der Kontrollzyklus zeigt Einschränkungen aber auch hilfreiche Beziehungen zwischen den Elementen – er mag als angenehm oder einschränkend empfunden werden

Problematische Konstellationen erhalten wir dagegen, wenn wir ein Element mit dem jeweils übernächsten des Zyklus kombinieren. Man nennt das unten abgebildete Diagramm, das wie ein fünfzackiger Stern aussieht, den **Kontrollzyklus**. Holz kontrolliert Erde, Erde kontrolliert Wasser usw. Konkret kann man sich darunter vorstellen, daß ein Element den Entfaltungsspielraum des anderen einschränkt. Das ist bis zu einem gewissen Grade nützlich, weil es der Eindämmung von Einseitigkeit und Maßlosigkeit dient; das kontrollierte Element wird dadurch jedoch in der Entfaltung seiner ureige-

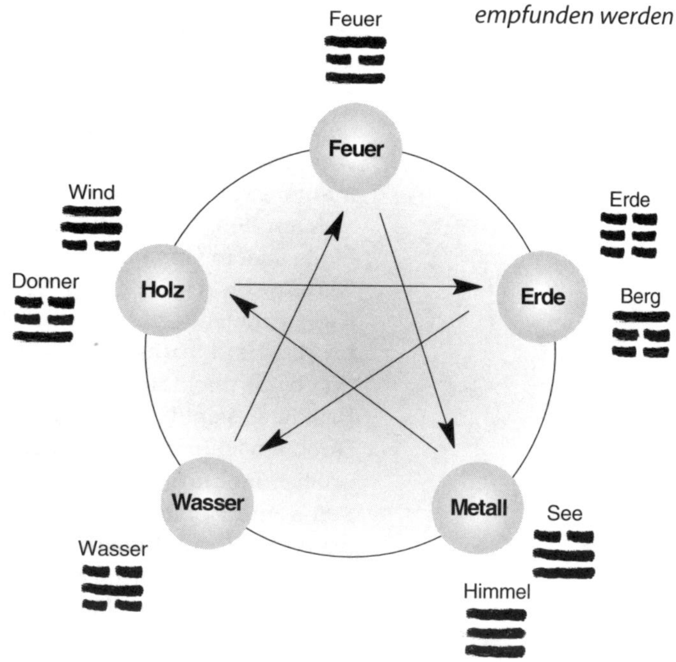

Beim Verletzungskreislauf gibt es nichts Förderliches mehr, hier sind die Energien klar gegeneinander gerichtet

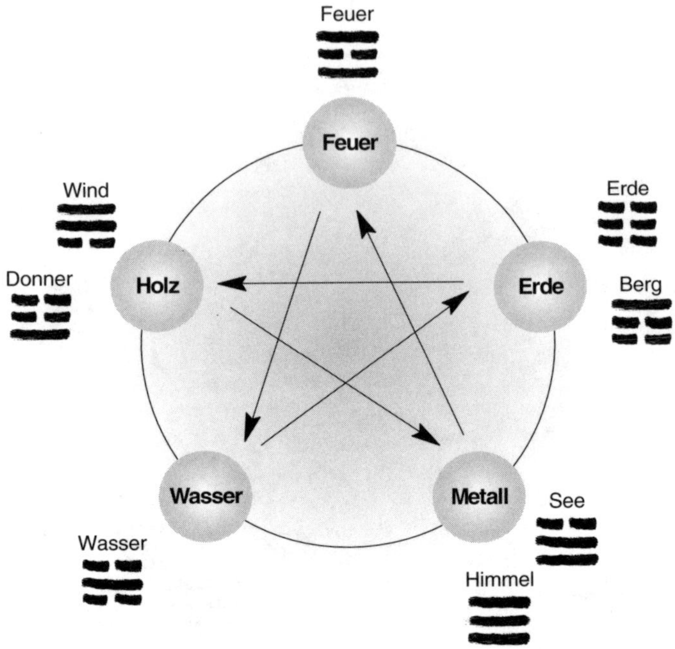

nen Kräfte blockiert. Das im Zyklus vorhergehende Element (der Kontrolleur) gleicht einem Gärtner, der die Zweige eines der Sonne entgegenwachsenden Baumes (der Kontrollierte) beschneidet oder sie in ein fest geschnürtes Netz einzwängt. Keine sehr angenehme Vorstellung, vor allem, wenn man sich vorstellt, daß hinter diesen abstrakten Begriffen der fünf Elemente wirkliche Menschen, die neun Chi-Typen, stehen.

Auch den Kontrollzyklus kann man durch Umkehrung der Pfeile in sein Gegenteil verwandeln. Mit Anordnung gegen den Uhrzeigersinn heißt er nun **Verletzungskreislauf**. Wasser verletzt Erde, Erde verletzt Holz usw. Man kann sich vorstellen, daß das im Kreislauf vorhergehende Element das Netz der Kontrolle durch das nachfolgende Element zerreißt und diesem durch die Brutalität seiner Aktion auch Schaden und Schmerzen zufügt. Doch wo ist hier der Schuldige, und wo ist das Opfer? Die bedrückende Enge der Kontrolle provoziert den Ausbruchsversuch des Kontrollierten; andererseits mag gerade die Angst vor Verletzung den Kontrolleur dazu bewogen haben, den Aktionsradius des anderen einzuengen – um sich selbst zu schützen. Alle diese Bemerkungen lassen bereits erahnen, worin die Nutzanwendung der Fünf-Elemente-Lehre für die Betrachtung der Beziehungen zwischen wirklichen Menschen bestehen wird.

Neben den gezeichneten vier Kreisen gilt es noch ein Fünftes zu beachten, eine einfache Regel: Was, so könnte man fragen, geschieht, wenn ich einen Chi-Typ, der einem bestimmten Element zugeordnet ist, mit einem Repräsentanten desselben Elements paare? Chi 2 und Chi 3 sind beides Holz-Typen. Wie harmonieren sie, wenn sie zusammenkommen?

Die Antwort auf diese Frage fällt positiv aus: Chi 2 und Chi 3 sind **Bruder** und **Schwester**; es sind zwei alternative Entwicklungswege innerhalb ein und derselben Altersstufe. Bruder und Schwester sind einander nicht gleich, aber sie ergänzen sich harmonisch im Sinne von *Yin* und *Yang*, indem der eine in der Partnerschaft genau das einbringt, was dem anderen fehlt. Das Bruder-Schwester-Gesetz gilt insbesondere für die Paarungen Donner-Wind (Holz) , Berg-Erde (Erde) und Himmel-See (Metall). Chi 5 nimmt eine Sonderstellung ein, man geht aber, wenigstens in der Theorie, davon aus, daß diese Chi-Kraft gut mit Berg und Erde harmoniert.

Beim Bruder-Schwester-Gesetzt herrscht das Prinzip der Ergänzung auf der Basis von Gleichberechtigung

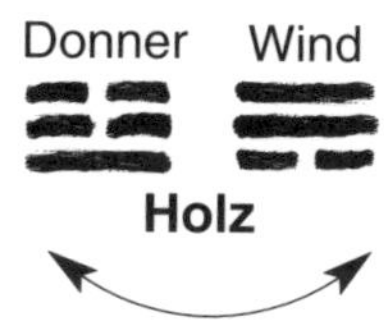

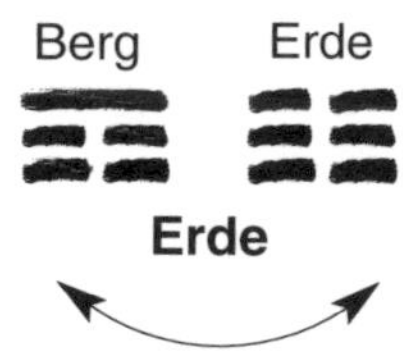

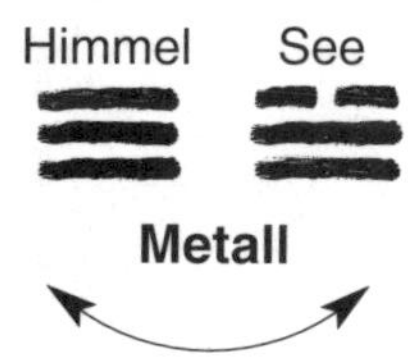

Im Gegensatz zum Fütterungs- bzw. Erschöpfungskreislauf findet beim Bruder-Schwester-Verhältnis kein einseitiger Energietransfer vom Geber zum Nehmenden statt. Hier herrscht das Prinzip der Ergänzung auf der Basis der Gleichberechtigung. Dennoch gibt es Autoren, die den Partnerschaften aufgrund des Fütterungs- und Erschöpfungskreislaufes den Vorrang geben. Vielleicht liegt es auch daran, daß Beziehungen mit Menschen, die uns zu ähnlich sind, ein zu geringes Entwicklungspotential bergen. Dies gilt insbesondere auch für Paarungen mit demselben Chi-Typ (also z. B.: Chi 1 heiratet Chi 1). Hier kann es buchstäblich zu Spiegelgefechten kommen, da es nicht immer angenehm ist, sich selbst zu begegnen – auch nicht im Gegenüber. Aber auf die praktische Anwendung der Fünf-Elemente-Regeln werde ich später noch ausführlicher zurückkommen.

Wir erhalten nun insgesamt 81 Beziehungs-Kombinationen. Jeder Chi-Typ kann mit den acht anderen und mit sich selbst gepaart werden (wenn z. B. Gleichaltrige heiraten, die im selben Jahr geboren und von derselben Chi-Kraft geprägt sind).

Kleiner Chi-Typ-Eheratgeber

Mit diesem kleinen „Partnerschafts-Berater" kann die Beziehung von zwei Seiten betrachtet werden: aus der eignen Perspektive sowie wie aus der des Partners: sehr spannend!

Leider ist es im Rahmen dieses Buches nicht möglich, alle 81 möglichen Fallmöglichkeiten genau zu beschreiben. Es sollen deshalb ein paar grundsätzliche Anmerkungen gemacht werden, die Ihnen helfen werden, Ihre Beziehung zu einem anderen Menschen zu analysieren. Sie können daraus Schlußfolgerungen für den richtigen Umgang mit dieser Person ziehen. Dabei muß es sich nicht unbedingt um einen Ehe- oder Liebespartner handeln. Das System der neun Chi-Kräfte und 5 Wandlungsphasen eignet sich genauso, um die spezifischen Chancen und Probleme in Freundschaften, Eltern-Kind-Beziehungen und beruflichen Personenkonstellationen besser zu verstehen.

Wichtig ist dabei: Sie können Ihre Beziehung stets aus zwei Perspektiven betrachten: Ihrer eigenen und der Ihres Partners. Ich empfehle sogar dringend, immer beide Seiten einzubeziehen. Sie können dadurch Ihre – notwendigerweise parteiische – Sichtweise überdenken und ein Gespür dafür entwickeln, wie Sie der/die andere erlebt. Jeweils zwei Beziehungskreisläufe sind zueinander komplementär. Das heißt: Wenn Ihre Chi-Kraft die Chi-Kraft Ihres Partners füttert, dann erschöpft umgekehrt die Chi-Kraft Ihres Partners Ihre eigene. Dasselbe Verhältnis besteht zwischen Kontrollieren und Verletzen. Beim Thema Ergänzen verhält es sich etwas einfacher. Wenn Ihre Chi-Kraft die Chi-Kraft Ihres Partners ergänzt, so gilt das auch in die andere Richtung. Dasselbe ist über das Spiegeln zu sagen. Sie können aber auch in obiger Tabelle unter der Chi-Kraft Ihres Partners nachschlagen, um auf einen Blick zu sehen, was seine Chi-Kraft aus seiner Sicht bedeutet.

Chi-Typ	*füttert*
1	3,4
2	6,7
3	9
4	9
5	6,7
6	1
7	1
8	6,7
9	2,5,8

Wenn meine Chi-Kraft die Chi-Kraft meines Partners füttert … dann wird es sich im allgemeinen um eine harmonische Beziehung handeln. Ich gebe dem Partner viel von meiner Kraft, um ihn zu unterstützen, zu fördern oder zu betreuen, die Entfaltung seiner Anlagen ermöglichen zu helfen.

Im günstigsten Fall werde ich in dieser Beziehung genug zurückbekommen, in der Dankbarkeit und Liebe des anderen, im Gefühl meiner schöpferischen, unterstützenden Kraft meinen schönsten Lohn haben. Ich werde abgegebene Energie durch dieses Glückserleben angemessen regenerieren können.

Im ungünstigsten Fall wird mich dieses Verhältnis erschöpfen und auslaugen, bis ich selbst zu kraftlos bin, um noch geben zu können. Ich werde über Undankbarkeit klagen, dem anderen Vorwürfe machen und das Gefühl haben, die Partnerschaft „lohne" sich nicht.

Wenn meine Chi-Kraft die Chi-Kraft meines Partners erschöpft ...
dann wird es sich im allgemeinen um eine harmonische Beziehung handeln. Ich erfahre von meinem Partner viel Unterstützung, Förderung und Betreuung. Er hilft mir bei der Entfaltung meiner Anlagen.

Im günstigsten Fall werde ich Wege suchen und finden, um die Liebe meines Partners angemessen zu würdigen und zu vergelten – und sei es nur, indem ich ihm zeige, wie glücklich ich mit ihm bin. Ich werde darauf achten, daß er sich nicht zu sehr verausgabt und um seinetwillen auch mal ein bißchen zurückstecken.

Im ungünstigsten Fall werde ich die Unterstützung meines Partners sehr bequem finden, sie als selbstverständlich hinnehmen und nach Wegen suchen, um immer noch mehr Energie aus ihm zu saugen. Versiegt der Kraftstrom einmal, werde ich ihm Vorwürfe machen und meine üblichen Zuwendungen einfordern – so lange, bis das System in sich zusammenbricht.

Chi-Typ	***erschöpft***
1	6,7
2	9
3	1
4	1
5	9
6	2,5,8
7	2,5,8
8	9
9	3,4

Wenn meine Chi-Kraft die Chi-Kraft meines Partners kontrolliert ...
wird es sich um eine eher problematische und konfliktträchtige Beziehung handeln. Ich versuche den Bewegungsspielraum meines Partners einzuschränken und einige seiner Eigenschaften, die ich für negativ halte, an ihrer Entfaltung zu hindern.

Im günstigsten Fall gebe ich der Beziehung damit einen Rahmen, der ein geordnetes und ungestörtes Zusammenleben ermöglicht. Ich schütze meinen Partner und mich vor den Folgen einer ins Maßlose ausufernden Pflege seiner Marotten.

Im ungünstigsten Fall werde ich meinen Partner wie ein Hilfspolizist maßregeln oder ihn umklammern, so daß er sich unterdrückt und übermäßig vereinnahmt fühlt. Er wird entweder an meiner Seite verblühen, weil er sein Lebensziel, die Entfaltung seines wahren Ich, verfehlt – oder er wird eines Tages ausbrechen und das Beziehungskorsett sprengen.

Chi-Typ	***kontrolliert***
1	9
2	1
3	2,5,8
4	2,5,8
5	1
6	3,4
7	3,4
8	1
9	6,7

Chi-Typ	verletzt
1	2,5,8
2	3,4
3	6,7
4	6,7
5	3,4
6	9
7	9
8	3,4
9	1

Wenn meine Chi-Kraft die Chi-Kraft meines Partners verletzt ... wird es sich um eine eher problematische und konfliktträchtige Beziehung handeln. Ich verteidige innerhalb der Partnerschaft meinen Bewegungsspielraum, versuche meine Eigenschaften – positive wie negative – zur Entfaltung zu bringen. Ich verhalte mich verletzend, indem ich dem Partner die Grenzen seiner Einflußmöglichkeiten und seiner Bedeutung für mich vor Augen führe.

Im günstigsten Fall werde ich die Grenzen meines Bewegungsspielraums behutsam austesten und erweitern und dem Partner dabei stets das Gefühl geben, daß ich ihn liebe. Es wird mir gelingen, ihn davon zu überzeugen, daß nur ein freier, in Übereinstimmung mit seinem wahren Ich lebender Mensch glücklich zu werden und glücklich zu **machen** vermag.

Im ungünstigsten Fall werde ich mich rücksichtslos verwirklichen und mich über die Gefühle meines Partners hinwegsetzen. Ich werde auch meine unangenehmsten Eigenschaften hätscheln und mich beharrlich weigern, an meinem Charakter zu arbeiten. Indem ich mich entziehe oder trotzig aufbegehre – oder beides –, gebe ich meinem Partner abwertende und verletzende Signale, die zur Auflösung der Beziehung führen können.

Chi-Typ	ergänzt
1	
2	5,8
3	4
4	3
5	2,8
6 }	{ 7
7 }	{ 6
8	2,5
9	

Wenn meine Chi-Kraft die Chi-Kraft meines Partners ergänzt ... dann wird es sich um eine ziemlich unproblematische, harmonische Beziehung handeln. Beide Partner gleichen einander in den grundlegenden Motiven und Wesensmerkmalen und unterscheiden sich doch in so vielen Details, daß das Zusammensein bereichernd und spannend bleibt.

Im günstigsten Fall hat mein Partner genau das, was mir fehlt, was ich bewundere und als Ziel für mich verwirklichen möchte. Das Schönste ist: Ihm geht es ebenso mit mir. Es gelingt uns, aufeinander zuzugehen und das Andere am Partner in unser eigenes Wesen zu integrieren. Was dennoch an Differenzen übrigbleibt, verleiht der Beziehung den nötigen Pep.

Im ungünstigsten Fall werden wir ebendiese verbleibenden Differenzen unnötig hochspielen und gar nicht mehr würdigen, welchen Vorrat an Gemeinsamkeit wir bisher wie selbstverständlich genossen haben. Oder aber die Beziehung wird in Harmonie ersticken, weil wir versuchen, auch noch die kleinste Meinungsverschiedenheit glattzubügeln.

Wenn meine Chi-Kraft die Chi-Kraft meines Partners spiegelt ... dann haben wir es gewöhnlich mit einer sehr harmonischen Beziehung zu tun, die jedoch kleine Tücken birgt.

Chi-Typ	*spiegelt*
1	1
2	2
3	3
4	4
5	5
6 }	{ 6
7 }	{ 7
8	8
9	9

Im günstigsten Fall werden wir es einfach genießen, daß wir uns in den meisten wesentlichen Punkten ohne Einschränkungen und Erklärungen verstehen – einfach weil wir die selben innersten Triebkräfte und grundsätzlichen Wesenszüge teilen. Es wird eine weitgehend reibungslose Beziehung sein, die dauerhafte Zufriedenheit – allerdings ohne große Wachstumschancen – gewährleistet.

Im ungünstigsten Fall wird es unserer Beziehung an prickelnder Spannung fehlen, weil der Reiz des Fremden entfällt. Möglich ist auch, daß wir im anderen die eigenen ungeliebten Eigenschaften wiedererkennen und sie dort – im Außen – bekämpfen. Es kommt zu Spiegelfechtereien, bei denen jeder nach dem Motto „Was man anderen predigt, predigt man sich selbst" verfährt.

Die Chi-Analyse zeigt, daß jede Partnerschaft ihre ganz speziellen Stärken und Schwächen besitzt: hier erkennt man, welches die vorherrschenden Strukturen sind

Diese Beziehungsanalyse zeigt, daß jede Paarung – sei es zwischen Liebenden, zwischen Geschwistern oder Kollegen – ihre ganz speziellen Chancen und Risiken birgt. So gesehen gibt es überhaupt keine schlechten Beziehungen; es gibt nur solche mit mehr oder weniger Spannungen und Reibereien. Gerade die schwierigen Verbindungen tragen ja oft das größte Wachstumspotential in sich. Wenn man über längere Zeit mit dem Fremden, ganz Anderen in Gestalt des Partners konfrontiert ist, lernt man, es besser zu verstehen und in seinen eigenen Charakter zu integrieren. Man beginnt, scheinbar Selbstverständliches am eigenen Verhalten aus einer anderen Perspektive zu sehen und zu hinterfragen.

Damit ist man der Ganzheit und, wenn man so will, dem Göttlichen ein Stück ähnlicher geworden. Denn die Gottheit verkörpert immer die Summe aller voll entfalteten menschlichen Eigenschaften in ihrer höheren Einheit; der Einzelmensch hier auf Erden repräsentiert dagegen nur einen winzigen Teilaspekt des Ganzen. Je mehr wir von den anderen lernen und in unser Wesen integrieren können, desto mehr verlassen wir das Gefängnis unserer Beschränkung, unserer Spezialisierung auf nur einen kleinen Sektor des großen Lebenskreises (oder besser: des **Quadrats**). Wir wachsen, wir öffnen uns, wir werden ganzheitlicher. So wie uns die Begegnung mit der ganz anders gearteten afrikanischen, arabischen oder fernöstlichen Kultur unendlich bereichern kann, obwohl Begegnungen mit Bewohnern ähnlicher Länder, z. B. Dänemark, Holland oder Frankreich zunächst einfacher und harmonischer ablaufen dürften.

Es gibt allerdings auch Beziehungen, von denen absolut abzuraten wäre – trotz der vielfältigen Chancen, die in der Begegnung entgegengesetzter Chi-Kräfte enthalten sind. Dies hat nichts damit zu tun, daß Feuer-Wasser-Konstellationen pauschal zu verurteilen sind. Als aussichtslos betrachte ich eine Beziehung jedoch dann, wenn mindestens ein Partner nicht die Weisheit besitzt, einzusehen, daß Versuche ständiger Manipulation und Umerziehung des anderen keinen Sinn ergeben: wenn man aus Wasser zum Beispiel um jeden Preis Feuer machen will, indem man etwa rote Farbe hineinkippt, damit es dem Feuer wenigstens ein bißchen ähnlich sieht. Anstatt einzusehen, daß die Bestimmung dieses Elements darin besteht, ein besonders tiefes, reines Blau zu entwickeln. So-sein-Lassen ist also der eine Eckpfeiler von Beziehungen zwischen gegensätzlichen Partnern, wechselseitige Inspiration und Integration des scheinbar Fremden der andere.

Besonders schwierige und gegensätzliche Kräfte bieten einer Beziehung zwar nicht die Hängematte zum Ausruhen, aber vielleicht ganz besondere Entwicklungschancen

Wenn Sie glauben, daß Sie Ihrem schwierigen Partner diese Toleranz entgegenbringen können, daß Sie ihm helfen wollen, sein tiefstes (wenn auch dem Ihren ganz entgegengesetztes) Wesen zu entfalten, ohne dabei zu fürchten, daß er ihnen entgleitet – dann sind Sie reif für Ihre Feuer-Wasser-Beziehung.

Hier finden Sie die goldenen Regeln für Ihren Partner-Check

Regeln und Überlegungen zu einer Analyse menschlicher Beziehungen:
Finden Sie Ihren eigenen Chi-Typ und den Ihres Partners heraus (Tabelle Seite 30). Konzentrieren Sie sich in den Charakteristiken vor allem darauf, was besonders gut auf Sie und den anderen Menschen paßt. Ganz spontan: Mögen Sie den beschriebenen Chi-Typ, wenn Sie sich ihn als eine tatsächliche Person vorstellen? Könnten Sie sich vorstellen, mit seinen Schwächen zu leben? Glauben Sie, daß es hier mehr Gegensätze oder mehr Gemeinsamkeiten gibt?

Bestimmen Sie nun anhand der Tabelle auf Seite 74, welchem Element Sie und Ihr Partner zugeordnet sind. Entnehmen Sie dieser oder den folgenden Tabellen, ob Ihre Chi-Kraft die Ihres Partners füttert oder erschöpft, kontrolliert oder verletzt, ergänzt oder spiegelt.

Lesen Sie nun die Konstellations-Beschreibungen vor allem auch aus der Perspektive Ihres Partners. Hier kann man Ungeahntes entdecken!

Versuchen Sie nun, die aufgrund der Analyse beider Chi-Typen gewonnenen Erkenntnisse und die Schlußfolgerungen aus der Fünf-Elemente-Lehre zu einem Gesamtbild zu vereinigen. Kommen beide Vorgehensweisen zu einem ähnlichen Ergebnis, oder gibt es Abweichungen? Wie lassen sich die gewonnenen Erkenntnisse nun mit Blick auf ihre tatsächliche Personenkonstellation umsetzen? Falls Sie überlegen, ob Sie sich auf eine noch nicht bestehende Beziehung einlassen sollen: Hätte eine solche Verbindung überhaupt Zukunft?

Hier einige Fallbeispiele ...

Dazu ein Beispiel aus der Praxis:
Birgit (27) leidet immer wieder unter den selben Problemen in ihrer Partnerschaft zu Robert (35). Insbesondere fühlt sie sich von ihm nicht genügend geliebt und hat das Gefühl, emotional nicht zu ihm durchzudringen. Sie glaubt ihn zu lieben und wäre bereit, alles für ihn zu tun, doch ihr fehlt der nötige Widerhall. Roberts kühle Arroganz, seine Neigung, sich vor ihr zurückzuziehen und sie mit ihren Sorgen und Wünschen nach Nähe im Regen stehenzulassen, machen Sie oft wahnsinnig. Doch je mehr sie ihm nun ihre Gefühle zu erklären versucht und ihn eindringlich um eine Änderung seines Verhaltens bittet, desto weiter scheint er sich von ihr zu entfernen.

Birgit ist Chi 2, Robert Chi 1. Typischerweise und unabhängig vom konkreten Fall kann diese Konstellation folgende Probleme mit sich bringen:

- *Chi 2 ist ungewöhnlich sozial, nach außen orientiert und gebend; Chi 1 ist verschlossen, egozentrisch und auf seine eigene innere Welt bezogen. Chi 2 wird von Chi 1 kaum zurückbekommen, was sie investiert. Sie wird sich ungeliebt vorkommen, kann sich aber auch ausgelaugt und benutzt fühlen, während Chi 1 Chi 2 als zudringlich und bohrend empfinden könnte.*
- *Chi 2 ist eher passiv und erwartet den Anstoß für Unternehmungen von außen; Chi 1 wird sich nicht ihrem Wunsch gemäß verhalten können, weil er zwar nicht so passiv-empfangend ist wie Chi 2, jedoch auch nicht aktiv-dominant. Er ist unabhängig und hält es für unwichtig, sich in der äußeren Realität – d.h. auch im Kontakt mit anderen Menschen – zu verwirklichen. Die Latenz, die* ***Möglichkeit*** *zum Handeln genügt ihm, während Chi 2 möchte, daß wirklich etwas zwischen ihnen geschieht.*

... an denen man die Anwendung der Partnerschafts-Analyse beobachten kann

- *Chi 2 ist meist warmherzig und emotional; Chi 1 kann kühl bis arrogant wirken. Sein Verständnis für die innere Welt anderer sucht sich nicht in aktiver Teilnahme und Hilfeleistung zu verwirklichen. Seine Toleranz ist der Gleichgültigkeit zum Verwechseln ähnlich, weil die Teilnahme an äußeren Dramen des Beziehungslebens ihn erschöpft und zum Rückzug zwingt. Chi 2 wird sich dagegen sehr tief in die Bindung und ihre emotionalen Begleiterscheinungen ergeben, was Chi 1 als klammernd oder anstrengend empfinden könnte.*

  Die Prognose für Birgit und Robert allein auf der Basis der Chi-Typen-Analyse ist somit relativ schlecht. Zu ihren Gunsten könnte man sagen, daß beide nicht marktschreierisch extrovertiert oder herrisch-dominant veranlagt sind. Beide sind – wenn auch mit ganz unterschiedlicher Akzentsetzung – einfühlsam. Beide könnten sich auf ein eher zurückgezogenes, selbstgenügsames Leben im häuslichen, engeren Familienkreis einigen (Chi 2, weil sie die enge, zentrale emotionale Bindung sucht, Chi 1, weil er im nicht zu großen Menschenkreis besser seinem Bedürfnis der Selbstbeschäftigung nachkommen kann). Schon hier wird deutlich, daß die Beziehung nur dann eine Überlebenschance hat, wenn Chi 2 Chi 1 mehr in Ruhe läßt, während sich Chi 1 gegenüber Chi 2 öffnet. Chi 1 muß Chi 2 seine reichhaltige, phantastisch-kreative innere Welt zum Geschenk machen, anstatt sie gleichsam im eigenen Saft schmorend bei sich festzuhalten. Chi 2 muß die Gelegenheit nutzen, aus der abhängig-empfangenden Rolle herauszutreten und eine Autonomie und Ich-Stärke zu entwickeln, die sie für die Erfahrung von Zurückweisung unempfindlicher macht.
- *Birgit (Chi 2) ist dem Element Erde zugeordnet; Robert (Chi 1) dem Wasser (Erde kontrolliert Wasser; Wasser verletzt Erde). Birgit wird daher bestrebt sein, sich einen Zugriff auf Roberts Seele zu verschaffen, den dieser ihr freiwillig nicht gewährt (Kontrolle). Sie wird versuchen, ihn an der vollen Entfaltung seiner Charakteranlagen zu hindern, indem sie ihn – mit starkem emotionalen Druck – in ihre Welt hinüberzuziehen versucht. Robert wird ihr dafür im Gegenzug nun Signale der Gleichgültigkeit und Abwertung geben, um sich ihre für ihn schwer erträgliche emotionale Intensität und Zudringlichkeit vom Leib zu halten (Verletzung). Um sich ihrerseits vor Verletzungen zu schützen, könnte Birgit versuchen, ein Netzwerk von Ritualen gegenseitiger Unterstützung und Liebesbekundung zu schaffen. Es ist ihr Versuch, Roberts dunkle, etwas*

verschwommene, für sie nebelhaft-undurchsichtige Innenwelt in den Griff zu bekommen. Robert wird sich im Gegenzug noch stärker vernebeln, um ungreifbar zu bleiben, um seinen Rückzugsraum zu schützen. Ein Teufelskreis, aus dem nur schwer zu entkommen ist.

- *Die Analyse der Konstellation der Chi-Kräfte kommt zu einem ganz ähnlichen Ergebnis wie die Untersuchung nach den Gesetzmäßigkeiten der Fünf-Elemente-Lehre – mit interessanten Nuancen: Der Akt des Kontrollierens ist normalerweise ein sehr aktiver Vorgang. Da aber jede Chi-Kraft auf ihre ganz charakteristische Weise kontrolliert, wird Birgit – als Chi 2-Person – dies passiv-aggressiv tun. Das heißt, sie wird z. B. nicht lauthals fordern: „Nun kümmere dich gefälligst mehr um mich!“, sondern sie wird vielleicht ganz traurig dreinschauen und hoffen, daß Robert von selbst auf die Idee kommt, was ihr fehlt. Chi 2 erwartet die Erlösung generell eher von außen, als sich aktiv selbst darum zu bemühen. Diese Vorgehensweise ist aber bei Chi 1 besonders fehl am Platz, da dieser oft zu sehr mit sich beschäftigt ist, um zu merken, was Chi 2 gerade braucht.*

Der Ist-Analyse folgt der Blick in die Zukunft

Die Fünf-Elemente-Analyse gibt einen ganz passablen Rahmen ab, innerhalb dessen man Personenkonstellationen deuten kann. Die Analyse aufgrund der Beschreibung der Chi-Kräfte wird mehr Details liefern und eine lebendigere Vorstellung von den tatsächlichen Vorgängen ermöglichen. Zusammen geben beide Methoden ein brauchbares Instrumentarium zur Beschreibung menschlicher Beziehungen ab. Es kann durch Hinzufügen der Monats-Chi-Analyse (ab Seite 108) noch beträchtlich verfeinert werden.

Was bringt mir die Zukunft?

Wie uns die Energien der 9 Häuser beeinflussen

Hier finden Sie die Regeln, die den Blick in die Zukunft ermöglichen

In den beiden vorhergehenden Kapiteln habe ich beschrieben, wie die Konstellation der kosmischen Kräfte zum Zeitpunkt der Geburt unseren Charakter prägen. Sie haben neun grundlegende Charaktertypen kennengelernt und haben eine Ahnung davon bekommen, was geschieht, wenn diese Chi-Typen in menschlichen Beziehungen aufeinandertreffen.

Nun ist der Moment der Geburt aber nicht der einzige Zeitpunkt, zu dem wir uns im Spannungsfeld kosmischer Energien befinden. Unser ganzes Leben lang werden wir davon beeinflußt, wie sich die neun Chi-Kräfte jeweils zueinander verhalten. Wie schon erwähnt, wechselt das magische Quadrat, das die Konstellation dieser Chi-Kräfte zu einem bestimmten Zeitpunkt symbolisiert, jedes Jahr im Februar seine Gestalt. Die Zahlen innerhalb des Quadrats unterliegen einer regelmäßigen Rotation.

Während sich aber die Zahlen auf einen Rundkurs begeben, bleiben die **Häuser**, also die neun kleinen Quadrate, aus denen das eine große Quadrat zusammengesetzt ist, immer die gleichen. Das heißt, das Quadrat unten in der Mitte wird stets **Haus Eins** genannt, egal, ob in einem bestimmten Jahr die Zahl 1 oder die 2, 3 oder 9 darin steht. Jedes Haus erhält seinen Namen von der Zahl, die es innerhalb des magischen Quadrats in seiner **ursprünglichen Form** innehat (siehe Seite 24).

Entsprechend den Zuordnungen der Häuser zu den Himmelsrichtungen (siehe auch Graphik, Seite 13) haben sich dafür auch folgende Bezeichnungen eingebürgert:

4 Haus Vier	9 Haus Neun	2 Haus Zwei
3 Haus Drei	5 Haus Fünf	7 Haus Sieben
8 Haus Acht	1 Haus Eins	6 Haus Sechs

Haus Eins	=	Das Nordhaus
Haus Zwei	=	Das Südwesthaus
Haus Drei	=	Das Osthaus
Haus Vier	=	Das Südosthaus
Haus Fünf	=	Das Zentrum
Haus Sechs	=	Das Nordwesthaus
Haus Sieben	=	Das Westhaus
Haus Acht	=	Das Nordosthaus
Haus Neun	=	Das Südhaus

Diese Richtungszuweisungen werden noch in der Persönlichkeits-Feng-Shui-Geomantik eine Rolle spielen, der Übertragung des bisher gelernten Persönlichkeits-Feng-Shui-Wissens auf die Dimension des Raumes (siehe Seite 123).

Wie sich das scheinbar komplizierte Zusammenspiel der Chi-Kräfte und der Häuser für den Lebensweg eines einzelnen Menschen auswirkt, wird am folgenden Beispiel verdeutlicht. Wer 1954 geboren ist, ist eine Chi-1-Person. Seine Zahl, die 1, befindet sich bis zum nächsten Jahreswechsel (ungefähr der 4. Februar) in Haus Fünf, dem Zentrum. Dann geht sie gemäß dem üblichen Rotationsweg in Haus Sechs, das Nordwesthaus über. Man kann also sagen: 1955 steht Chi 1 in Haus Sechs, 1956 in Haus Sieben, 1957 in Haus Acht, 1958 in Haus Neun. 1959 ergibt sich eine Besonderheit: Chi 1 rutscht dann in ihr **Heimathaus**, das Haus Eins. Es ist eines jener Jahre, in denen jede Chi-Kraft wieder an ihrem Platz und das magische Quadrat in seiner ursprünglichen Form wiederhergestellt ist. Doch die Rotation hat damit natürlich noch kein Ende gefunden. 1960 (im Februar) wandert Chi 1 weiter in Haus Zwei, 1961 in Haus Drei und 1962 in Haus Vier. 1963 schließlich ist die selbe Konstellation wiederhergestellt wie im Geburtsjahr der betreffenden Chi-1-Person: Chi 1 steht in Haus Fünf, im Zentrum. Dieser Kreislauf wiederholt sich bis zum Tod dieses Menschen – wenn er z. B. 81 Jahre alt wird, also neunmal.

Wie sich die Chi-Kräfte im Jahreswandel für Ihr eigenes Leben darstellen, finden Sie auf den Seiten 34–68 in den Chi-„Aktionszeit-Häusern"

Jeder kann aufgrund dieser Angaben Ihre persönliche Biographie nach den Regeln des Persönlichkeits-Feng-Shui schreiben. Sie können dies rückblickend tun, indem Sie feststellen, in welchen Häuser Sie sich während der vergangenen Jahre aufgehalten haben, Sie können aber auch – und hier wird es wirklich faszinierend – Aussagen über den Verlauf Ihrer zukünftigen Lebensjahre machen. Denn so wenig wir auch mit Sicherheit sagen können, ob wir im Jahr 2005 heiraten, unseren Job verlieren oder eine große Geldsumme erben werden, eines ist doch gewiß: Das Haus, in dem unsere Chi-Kraft 2005 stehen wird.

Und diese Chi-Kraft prägt die Ereignisse und Schicksalswendungen des betreffenden Jahres auf die ihr eigene Weise. Ein Jahr, das wir unter dem Einfluß von Haus Zwei verbracht haben, gestaltet sich völlig anders als eines, das durch Haus Drei geprägt ist. Wir müssen den Charakter, die spezifische Färbung jedes einzelnen Hauses kennenlernen, um eine Ahnung davon zu bekommen, was uns erwartet.

Haus Eins: Die Latenz

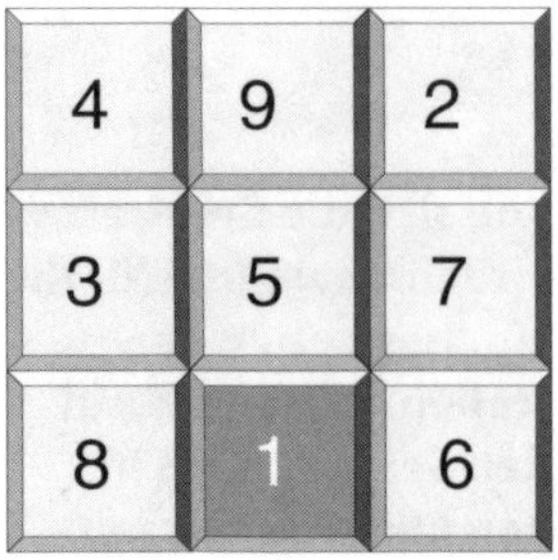

Das erste Haus ist der Jahreszeit Winter zugeordnet. Schon daraus lassen sich einige Schlußfolgerungen ziehen. Es ist eine scheinbar karge, reizarme Zeit, in der sich das Leben ins Verborgene zurückzieht und darauf wartet, später einmal wieder zum Vorschein zu kommen. Menschen graben sich in ihren Häusern ein, Tiere, die Winterschlaf abhalten, reduzieren ihre Stoffwechselvorgänge auf ein Minimum. Pflanzen existieren oft nur noch als Samen, unsichtbar und tief in der Erde vergraben. Sie enthalten nur noch das Potential, erst später wieder Pflanzen zu werden. Die Lebenskraft der Natur befindet sich im Zustand der Latenz.

Wie wir gelernt haben, neigen auch Chi-1-Personen dazu, sich zurückzuziehen, zu verbergen. Wer auf seinem Weg durch die Zeit in Haus Eins landet, der bekommt ebenfalls etwas von dieser introvertierten Energie des Chi-1-Menschen ab.

Die kargen Jahre

Vielfach heißt es in den Quellen, Haus Eins sei eine Unglückszeit. Dies hängt jedoch ganz vom Standpunkt des Betrachters ab. Schlecht bestrahlt sind in dieser Zeit nur die Aktivitäten und Pläne, die nach außen, in die materielle Realität hinein wirken wollen. Solche Projekte, die auf aktives Handeln, auf Expansion der eigenen Kräfte basieren, werden mit hoher Wahrscheinlichkeit scheitern, weil der Zeitpunkt dafür (noch) nicht gekommen ist. Man kann sich hierzu eine Pflanze vorstellen, die mitten im tiefsten Winter vorschnell dem schützenden Boden entwächst. Sie wird erfrieren, hätte jedoch eine Überlebenschance gehabt, wenn sie den richtigen Zeitpunkt abgewartet hätte.

Doch Haus Eins ist nicht in jeder Hinsicht eine schlechte Zeit. Wer sich mit Chi-1-Tugenden begnügen kann, seine Energien auf Sparflamme brennen läßt und tief in sein seelisches Innenleben eintaucht, wird eine tiefe, stille Zufriedenheit erfahren, die ihm in der Hektik des Alltagstreibens sonst fremd ist. Er wird zu sich selbst finden, Pläne in Ruhe reifen lassen, und wenn der gegebene Zeitpunkt da ist, die Früchte seiner Geduld ernten. Nicht Haus Eins an sich stellt ein Problem dar; vielmehr ist es so, daß die meisten Menschen verlernt haben, den Erfordernissen dieses Hauses gerecht zu werden. Die geregelten Arbeitsabläufe des Berufslebens, die Neigung des modernen Menschen, sich selbst Streß (auch Freizeitstreß) zu schaffen und seine Aufmerksamkeit zu zerstreuen – all diese Faktoren dulden normalerweise nicht, daß man ein ganzes Jahr in Rückzug und Besinnung lebt. Man kämpft normalerweise ständig gegen den Strom der Chi-1-Energie an, die in jenem Haus gegenwärtig ist und verbraucht dabei Kräfte, die man lieber sammeln und für bessere Zeiten aufsparen sollte.

Wenn Ihre Chi-Zahl in Haus Eins steht, müssen Sie viel Geduld und Vertrauen haben. Am Kommen des Frühlings würden wir selbst im tiefsten Winter nie zweifeln. Zweifeln Sie auch nicht daran, daß dieser Winterschlaf der Seele zum gegebenen Zeitpunkt ein Ende haben wird. Daß die Kräfte, die bis dahin verborgen in Ihnen geschlummert haben, nach Erprobung im praktischen Leben drängen werden.

Haus Zwei: Die langsame Entwicklung zum Besseren

4	9	2
3	5	7
8	1	6

Die schweren Jahre

Wenn Sie Haus Zwei betreten, tun Sie den ersten Schritt aus der in Haus Eins vorherrschenden Regungslosigkeit hinaus. Ihre Energien treten aus dem Stadium der Latenz heraus und streben danach, sich in der Wirklichkeit zu manifestieren. Sie können die Pläne und Projekte, die Sie bis jetzt nur im stillen Kämmerlein ausgebrütet haben, nun tatsächlich in Angriff nehmen. Erwarten Sie aber keinen allzu raschen Durchbruch. Die Mühlen von Haus Zwei mahlen nun einmal langsam.

Denken Sie daran, daß die Energie von Haus Zwei dem Charakter von Chi 2 verwandt ist: Die Anlage von Chi 2 ist es, zu dienen, sich dem Schicksal oder bestimmten Menschen zu unterwerfen und viel Energie in eine Sache zu investieren. Chi 2 **gibt** viel, ohne vielleicht sofort im gleichen Maße **nehmen** zu können. Denken Sie an eine junge Mutter, die in den ersten Lebensjahren häufig das Gefühl hat, sich aufzuopfern und all ihre Kräfte für das Neugeborene zu verschleißen, ohne dafür eine entsprechende Gegenleistung zu erhalten (die Mutter ist ein zentrales Symbol für Chi 2). Erst später, wenn sich das Kind prächtig entwickelt und die Anspannung etwas nachläßt, wird die Mutter Zufriedenheit mit ihrer Arbeit entwickeln und gar nicht mehr auf die Idee kommen, das Kind könnte ihr zu wenig bringen. Als Besucher in Haus Zwei werden Sie dienen und ein Opfer bringen müssen – allerdings vor allem ihrem späteren Glück. Sie investieren für die Ernte, die Sie später für ihre Arbeit werden einfahren können. Sie werden viel Geduld und Schicksalsergebenheit mitbringen müssen, um angesichts des Ungleichgewichts von großem Input und spärlichem Output nicht den Glauben an sich und Ihr Vorhaben zu verlieren. Sie werden aber auch eine gewisse innere Zufriedenheit spüren, wenn Sie die ersten Anzeichen einer langsamen Entwicklung zum Besseren als Folge Ihrer eigenen Anstrengung bemerken. Im Gegensatz zu Haus Eins handelt es sich nicht um Geduld aus einer Position der Inaktivität heraus; vielmehr handelt es sich um jene Art von Geduld, die jeder Radfahrer haben muß, der an der Ampel anfährt: Man kann aus dem Stand heraus nicht sofort auf Tempo 50 beschleunigen. Haus Zwei gleicht jenem ersten, noch mühsamen und langsamen Strampeln, das nichtsdestoweniger die Voraussetzung für das spätere mühelos geschwinde Dahingleiten ist.

Das Falscheste, was Sie in diesen Monaten der spärlichen Ernte tun können, wäre: gar nicht erst zu säen. Schränken Sie Ihren Lebensstil, wenn nötig, etwas ein und machen Sie – im wörtlichen oder übertragenen Sinne – Überstunden, damit Ihr Unternehmen in die Gänge kommt. Es wird sich später auszahlen.

Haus Drei: Der plötzliche Durchbruch

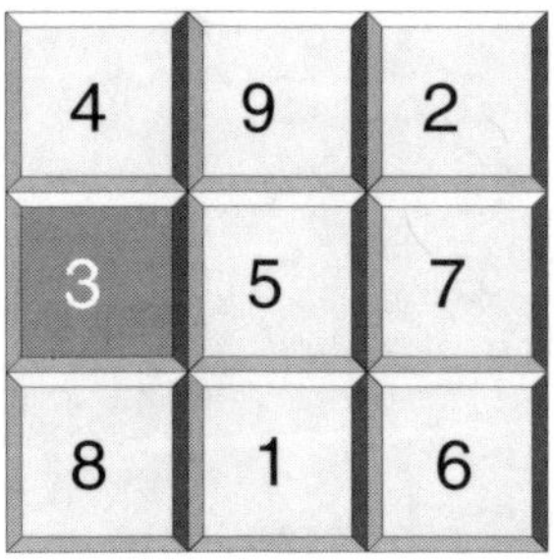

Dies ist ein Jahr, in dem Sie ungeahnte Kraft und unverhofften Auftrieb erfahren werden. Es kann sein, daß sich Entwicklungen sehr schnell und überraschend ergeben. Mitunter überschlagen sich die Ereignisse, und Sie kommen gar nicht dazu, das alles angemessen zu verarbeiten. Wenn Sie das Bild einer erblühenden Blume im Zeitraffer kennen, dann können Sie vor Ihrem inneren Auge sehen, wie die Knospe urplötzlich aufplatzt, wie sie gleichsam explodiert, um sich dann in einer immer langsamer werdenden Bewegung ganz zu öffnen. Von dieser Art ist die Energie von Haus Drei.

Die wilden Jahre

Sie hat etwas mit dem stürmischen, energischen Charakter von Chi-3-Personen gemeinsam. Diese Menschen sind sehr innovativ, neigen aber dazu, manche Dinge unbedacht und übereilt anzupacken, ohne sich Rechenschaft über die möglichen Folgen abzulegen. Ähnliche Ereignisse können sich in Ihrem Leben abspielen. Vielleicht gelingt gewissen beruflichen Plänen, die Sie lange im Verborgenen gehegt haben (Haus Eins) und an denen Sie dann eine Weile zäh und konsequent, aber ohne sichtbaren Erfolg gearbeitet haben (Haus Zwei), nun endlich der Durchbruch. Die kometenhafte Karriere eines Stars am Pophimmel wäre typisch für diese Phase. Ebenso charakteristisch wäre es, sich in einem Haus-Drei-Jahr ganz plötzlich Hals über Kopf zu verlieben, sich auf ein Abenteuer der Gefühle einzulassen, ohne die Folgen zu bedenken.

Obwohl es natürlich sein kann, daß man sich mit der unbändigen Energie, die einem in diesem Jahr zur Verfügung steht, verrennt und lediglich schnelle Seifenblasen-Erfolge erzielt, wäre es doch falsch, sich zu übervorsichtigem Verhalten zu zwingen. Dies widerspräche der besonderen Energie von Haus Drei, die ein wenig der Kraft eines Urknalls vergleichbar ist. Genießen Sie Ihre gerade in diesem Jahr ausgeprägte Fähigkeit, spontan im Hier und Jetzt zu leben. Natürlich sollten Sie bei schwerwiegenden Entscheidungen ruhig einmal überlegen, ob die Richtung, die Sie einschlagen wollen, nicht in die Irre führt; aber überlegen Sie nicht zu lange, und wenn Sie von Ihrer Sache überzeugt sind, nutzen Sie die Schubkraft dieses gesegneten Augenblicks, um einen Riesenschritt nach vorn zu machen.

Haus Vier: Die vielseitige Orientierung

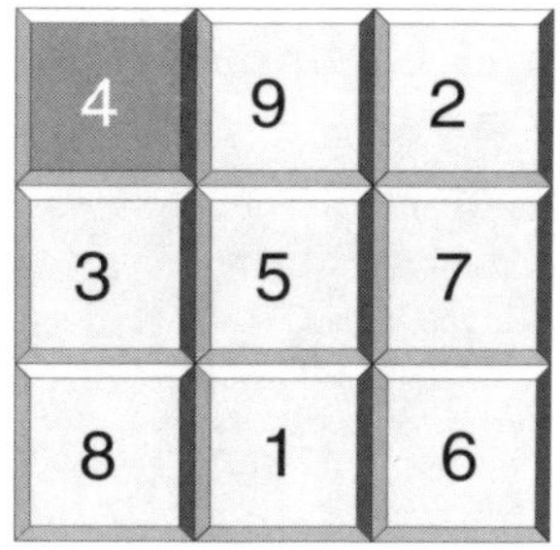

Ein Jahr, das von Haus Vier dominiert wird, kann alles für Sie bereit halten, nur eines nicht: Langeweile. Von innerer Unruhe und äußeren Ereignissen getrieben, kann es Sie hier- und dorthin verschlagen. Es ist, als ob ein Sturmwind (Wind ist das Symbol für Chi 4) Sie ergriffen hätte und Ihr Leben in scheinbar unvorhersehbarer Weise durcheinanderwirbeln würde.

Es könnte sein, daß Sie ins Ausland reisen – oder daß Sie im übertragenen Sinn zu neuen Ufern aufbrechen. Es ist jedoch unwahrscheinlich, daß Sie dieser neue Ort oder neue geistige Raum, den Sie erobern wollen, für längere Zeit festhält. Die Überschrift über einem Haus-Vier-Jahr lautet schließlich nicht „die Ferne", sondern „Unruhe", „beständiger Wechsel".

Die Jahre der großen Veränderungen

Es kann sein, daß Sie viele neue Menschen kennenlernen – oder sie wieder verlieren. Auch wechselnde Liebesabenteuer wären für dieses Jahr typisch. Wer in einer festen Bindung lebt, wird die unruhige Energie von Haus Vier vielleicht nicht ausagieren, er wird wohl aber seine Phantasien ein wenig schweifen lassen, denn: Die Gedanken sind frei. Beruflich werden Sie eher dann Erfolg haben, wenn Ihr Job es mit sich bringt, auf allen Hochzeiten zu tanzen. Geistige und körperliche Flexibilität wird ja in der modernen Arbeitswelt zunehmend gefordert, und hier könnte Ihnen die Haus-Vier-Energie Rückenwind geben. Lediglich monotone Tätigkeiten, die Durchhaltevermögen verlangen, sind nun schlecht bestrahlt.

Wahrscheinlich haben Sie längst bemerkt, daß hier eine auffällige Parallele zum Charakter der Chi-4-Personen besteht. Auch sie haben ja ein eher leichtes, flüchtiges, bewegliches Wesen, das sie vor geistiger Starre schützt, sie aber auch dazu verleiten kann, sich zu verzetteln. Wer mit seiner Chi-Zahl in dieses Haus eintritt, muß einerseits versuchen, ein bißchen wie ein Chi-4-Typ zu werden, um mit der Energie von Haus Vier in Harmonie zu stehen; andererseits müssen natürlich die groben Fehler und Übertreibungen von Chi 4 vermieden werden.

Wer mit der Energie von Haus Vier harmonieren will, sollte nicht versuchen, sich künstlich zur andauernden Konzentration auf ein und dieselbe Sache zu zwingen. Sollte dies beruflich unumgänglich sein, kann es zu innerer Unzufriedenheit kommen. Sie können kribbelig werden, wenn Sie Ihrem Bedürfnis nach Abwechslung nicht nachkommen. Sie können die unruhige Energie dieses Jahres nutzen, um neue Horizonte zu erobern, Ihren Geist zu erweitern und Ihrem Bewußtseinsspektrum bislang unbekannte Farbtöne hinzuzufügen. Wenn Sie geschickt sind, können Sie durch das rastlose Zappen auf allen Kanälen die eine oder andere Sendung finden, der Sie später, in ruhigeren Zeiten, auch auf Dauer treu bleiben möchten.

Haus Fünf: Die Krise

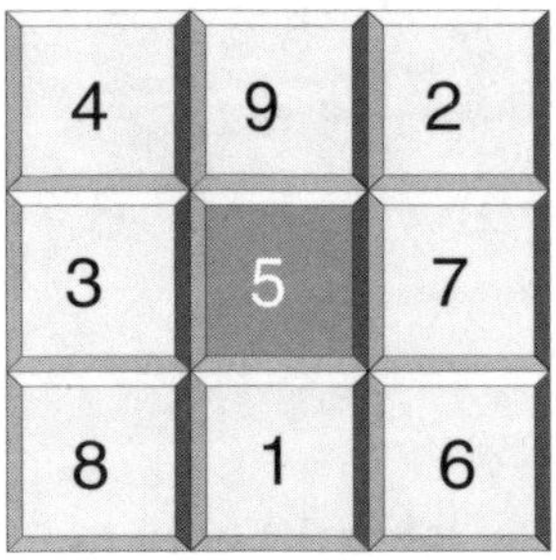

Dieses Haus steht in einem außerordentlich schlechten Ruf. Es ist als Unglückshaus verschrien, und es gibt kaum eine Katastrophe, die nicht mit ihm in Verbindung gebracht würde. Wenn ich jedoch meine eigene Biographie und die von Freunden und Angehörigen betrachte, rechtfertigt nichts diese übertriebene Darstellung. Die typische Haus-Fünf-Energie wirkt sich oft in milderer Form, aber dennoch unverkennbar aus. Ich selbst würde Haus Fünf als das Haus der schöpferischen Krise oder des beschleunigten Übergangs in eine neue Phase bezeichnen.

Die Krisenjahre/ Neuanfänge

Denken wir daran, daß das erste Haus-Fünf-Jahr, das wir alle erlebt haben, das Jahr unserer Geburt war. Unsere Chi-Zahl stand damals im Zentrum des magischen Quadrats, im Haus Fünf. Was bedeutet Geburt? In jedem Fall handelt es sich um eine Art von Krise, bei der wir auf oft schmerzvoll erlebte Weise in einen neuen Lebensabschnitt katapultiert werden. Geburt ist ein schöpferischer, erneuernder Vorgang, der die radikale Beendigung des alten Zustands mit sich bringt. Der Eindruck von destruktiver Kraft, der sich bei der Betrachtung von Haus Fünf oftmals aufdrängt, täuscht über die andere, die positive Seite der Medaille hinweg: Erst die Zerstörung des Alten macht schließlich Platz für das Neue.

Aus demselben Grund haben wir auch oft das Gefühl, in Haus-Fünf-Jahren Extremes zu erleben und eine Achterbahnfahrt aus Hochgefühlen und Tiefschlägen zu erleben. Extrem niederschmetternde Ereignisse mobilisieren oft eine Kraft in uns, die uns in ruhigeren Zeiten nicht zu Gebote steht. Diese Kraft trägt uns dann mitunter über das ersehnte Minimalziel hinaus zu ungeahnten Höhen.

In Haus-Fünf-Jahren scheint sich der normalerweise behäbig dahinfließende Strom unseres Lebens in geschwinde, gefährliche Stromschnellen verwandelt zu haben. Alles ist im Umbruch, und der Wandel vollzieht sich manchmal abrupt und brutal. Manche Menschen dürften nun so etwas wie eine Wiedergeburt erleben – oftmals auch eine schwere Geburt. Möglicherweise ist es der Zeitpunkt, wo das Faß überläuft, das durch jahrelanges Einfüllen von harmlosen Tropfen randvoll geworden ist. Ihre bisherige Entwicklung erscheint Ihnen – wie unter einem Brennglas – schärfer und deutlicher. Sollte Ihre Bestandsaufnahme negativ ausfallen, kann es sein, daß Sie urplötzlich alles hinwerfen. Wer Beziehungen, die sich überlebt haben, mit einem kräftigen Befreiungsschlag sprengen will, dem fließt dazu jetzt die nötige Entschlußkraft zu. Es könnte das Jahr sein, in dem ein bislang braver Angestellter ohne ersichtlichen Grund kündigt, weil er spürt, daß die Zeit gekommen ist, einen radikal anderen Weg einzuschlagen. Wer diese Umbrüche nicht im äußeren Leben durchmacht, bei dem können sie sich auch innerlich vollziehen. Es kann sein, daß sich mit einem Mal Ihr Lebensstil oder Ihre gedankliche Wellenlänge ändert.

Wichtig ist es jetzt, die Chance in der Krise aufzuspüren und nicht liegenzubleiben, wenn einen ein Faustschlag des Schicksals niederstreckt. Der tiefere Sinn eines durchlebten Haus-Fünf-Jahres besteht nicht darin, Sie ein für alle Male zu vernichten, sondern darin, Ihnen Kraft zum Neuanfang zu geben. Diese Wechselduschen sind dazu geschaffen, Ihr seelisches Immunsystem zu stärken. Sie werden, wenn Sie Haus Fünf kreativ genutzt haben, härter, stärker, reifer geworden sein. Wenn Sie die günstige Gelegenheit zum Befreiungsschlag jedoch nicht nutzen, könnte es sein, daß Sie in einer stagnierenden Situation ersticken. Das Haus-Fünf-Jahr erscheint Ihnen zwar im nachhinein betrachtet halb so wild – doch Sie bezahlen Ihre dem Geist dieses Jahres widersprechende Halbherzigkeit mit einem kraftlosen, weniger authentischen Leben.

Haus Sechs: Der Zenit

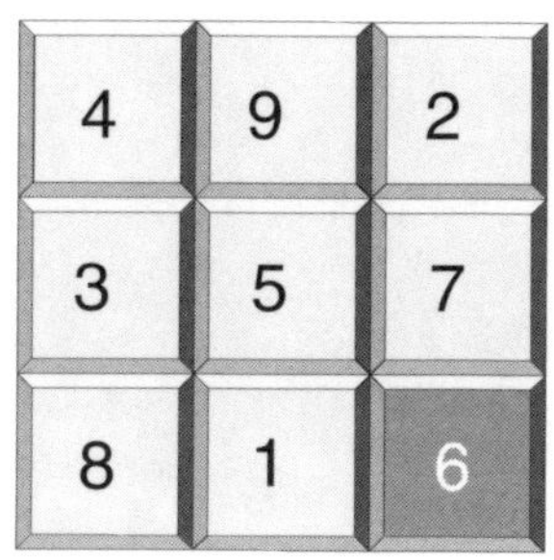

Gute Haus-Sechs-Jahre sind wahrhaft Zeiten der Erfüllung. Sie können ernten und genießen, was Sie in den vorangegangenen Jahren gesät haben. Sie werden sich voll im Saft fühlen und meinen, nichts und niemand könnte Ihnen etwas anhaben. Wer Gelegenheit hat, Menschen zu führen und anzuleiten, wird ausgeprägte Führungsqualitäten an den Tag legen. Es könnte auch eine der seltenen Perioden erfüllten, ungetrübten Liebesgenusses auf Sie zukommen. Wenn dies mangels eines Partners für Sie nicht möglich ist, könnte statt dessen ein Höhepunkt Ihrer Liebesgeschichte mit sich selbst anstehen. Sie fühlen sich selbstbewußt und ganz im Einklang mit sich.

Die Jahre der Erfüllung

Ein rundum gutes Jahr, so könnte man meinen – doch wie bei allem im Leben gibt es auch hier einen Wermutstropfen: Sensiblere Naturen können so etwas wie „Johannisnacht-Melancholie“ spüren – das Gefühl, daß es auf dem Höhepunkt einer Entwicklung eigentlich nur noch abwärts gehen kann. Es kommt nun sehr darauf an, daß der Mensch, der Haus Sechs durchläuft, weise genug ist, einzusehen, daß die anderen Jahre, die jetzt folgen werden, keineswegs schlechter sind. Alle haben sie ihren Sinn, ihre nur ihnen eigene Schönheit und Würde. Es kommt darauf an, aus jeder Grundvoraussetzung das Beste zu machen. Im Fall von Haus Sechs besteht diese Voraussetzung in einer erfüllten, oft kraftstrotzenden Grundstimmung. Es ist nun wichtig, sich das möglicherweise ins Haus stehende Glück von ganzem Herzen zu gönnen. Es zu genießen – im Vertrauen darauf, daß man auch spätere, vielleicht weniger befriedigendere Zeiten mit Mut und Weisheit wird bewältigen können.

Wichtig ist, jetzt nicht in Arroganz gegenüber anderen, weniger Glücklichen zu verfallen. Dabei hilft Ihnen die Erkenntnis, daß Sie sich ja nur in einer Phase befinden. Sie können jetzt viel Lebenskraft an andere Menschen weitergeben, ohne doch selbst dabei an Kraft zu verlieren. Machen Sie von dieser Gabe reichlich Gebrauch. Vielleicht werden Sie nun Freunde gewinnen, die Ihnen auch dann noch zur Seite stehen, wenn Sie einmal selbst der Kraft und Fürsorge anderer bedürfen.

Eine weitere Falle, die in Haus Sechs für Sie ausgelegt ist, besteht darin, daß Sie Gefahr laufen, übermütig zu werden und sich auf Ihren Lorbeeren auszuruhen. Der Genuß Ihres Glücks, von dem ich gesprochen habe, bedeutet zwar, eine Hochstimmung Ihrer Seele ganz auszukosten; es besagt aber nicht, daß Sie sich gehenlassen sollten. Im letzteren Fall ist Ihr Abstieg in den darauffolgenden Jahren vorprogrammiert. Bedenken Sie in jedem Fall, daß das Lebensmodell von Persönlichkeits-Feng-Shui zyklisch angelegt ist. Das heißt, daß zumindest Menschen im jüngeren oder mittleren Alter stets damit rechnen können, daß sie noch eine oder mehrere weitere Chancen bekommen. Keine Entwicklung ist unumkehrbar. Andererseits gilt: So jung werden Sie Haus Sechs nie mehr betreten.

Haus Sieben: Der mühelose Fortschritt

4	9	2
3	5	7
8	1	6

Die leichten Jahre

Genauer ausgedrückt, bezeichnet Haus Sieben eine Phase, in der Ihnen vieles scheinbar mühelos zufliegt, die aber auch gewisse Risiken birgt. Dazu gehören besonders Leichtsinn, Oberflächlichkeit und Verschwendung. In gewisser Weise bildet dieses Haus den Gegenpol zu Haus Zwei, in dem Sie sich mit einer gewissen Mühe und Zähigkeit vorangearbeitet haben. In Haus Sieben scheint Ihnen dagegen alles leicht von der Hand zu gehen. Es bereitete Ihnen kaum Mühe, Menschen für sich zu gewinnen oder andere für berufliche Projekte zu begeistern. Sie fühlen sich überwiegend lebendig und mitteilsam und ernten dafür meist auch freundliche Anerkennung durch Ihre Mitmenschen.

Sollten Sie aus äußeren Gründen dazu gezwungen sein, ein zurückgezogenes, eintöniges Leben zu führen, so kann es sein, daß dieser Zustand Sie bedrückt und lähmt, denn die vorherrschende Energie in Haus Sieben zielt auf Kontakt und Kommunikation. Auch der Geld- und Warenverkehr – eine materielle Form von Energieaustausch – gerät nun in Bewegung. Sie können sehr rasch und leicht zu Geld gelangen – und es ebenso leicht wieder loswerden. Wenn Sie Gelegenheit haben, Dinge zu kaufen oder zu verkaufen, haben Sie dabei voraussichtlich ein glückliches Händchen.

In Haus Sieben gilt jedoch häufig: Wie gewonnen, so zerronnen. Nun geschlossene Freundschaften und Beziehungen können kurzlebig sein; berufliche Projekte können nach kurzem Aufleuchten wirkungslos verlöschen; bei riskanten finanziellen Transaktionen drohen schmerzliche Verluste. Ihre Gedanken und Gefühle bleiben möglicherweise an der Oberfläche der Erscheinungswelt haften, weshalb Sie aus Erkenntnissen und erlebten Empfindungen keinen bleibenden Gewinn ziehen können. Ihre Stärke in dieser Phase dürfte eher darin bestehen, das Erlebte sofort und ohne ausreichende innere Verarbeitung an andere weiterzuvermitteln.

Ein weiteres Risiko für Besucher in Haus Sieben besteht darin, daß Sie – dem mitteilsamen Geist dieser Phase folgend – mitunter zu viel von sich preisgeben. Andere könnten dies zu Ihrem Schaden ausnutzen. Sie haben also in Haus-Sieben-Jahren eine schwierige Gratwanderung zu bestehen: Wer zu viel aus sich herausgeht bzw. von sich hergibt (seien es Geld, Mitteilungen oder Gefühle), riskiert, verletzt oder ausgenutzt zu werden. Wer dagegen zu viel für sich behält, der schwimmt im Grunde gegen den Strom der herrschenden kosmischen Energien und wird dies mit Reibungsverlusten bezahlen müssen. Wie in allen

Häusern droht also auch hier Gefahr aus zwei Richtungen. Sie können sich den „Zeitgeist“ in übertriebener Weise aneignen; Sie können sich ihm aber auch in unsinnigem Trotz entgegenstemmen. Der Goldene Mittelweg bestünde darin, sich von ihm inspirieren und ein Stück weit tragen zu lassen, dabei aber immer wachsam gegenüber möglichen Entgleisungen und einseitigen Übertreibungen zu bleiben.

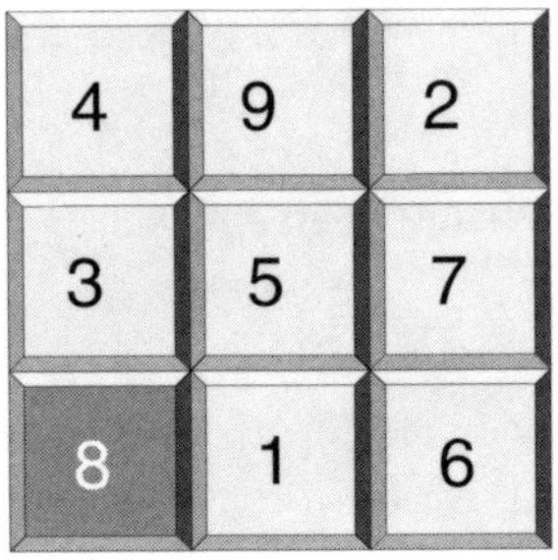

Haus Acht: Die Stagnation

Dieses Haus gleicht weniger einem rauschenden Fest als vielmehr einer Fastenperiode oder der besinnlichen Adventszeit, in der sich alle etwas zurückziehen und sich auf die wesentlichen Dinge des Lebens konzentrieren. Allerdings handelt es sich im Gegensatz zu Haus Eins nicht um eine Phase, in der nichts geschieht und die schlafenden Energien gleichsam ihrer Erweckung harren. Haus Acht ist eine Zeit der ruhigen, kontinuierlichen Arbeit an den anliegenden Projekten. Allerdings geht alles etwas uninspiriert oder gar lustlos vonstatten. Sie erfüllen bereitwillig, aber ohne rechte Begeisterung Ihre Pflicht. Dabei kann sich leicht der Eindruck von Stillstand, von Strampeln in einer endlosen Tretmühle einstellen.

Die Jahre der Konzentration auf das Wesentliche

Wenn wir beim Bild bleiben, so sind Advents- oder Fastenzeit oft Perioden, in denen wir als Schüler oder Angestellte gut arbeiten und viel wegschaffen können – eben **weil** wir von den Attraktionen des prallen Lebens abgeschnitten waren, die uns im Karneval oder im Hochsommer zu immer neuen Vergnügungen lockten. Es gelingt uns in dieser Zeit des Rückzugs, mit den tiefen und ernsten Dingen des Lebens in Kontakt zu kommen und daraus Kraft und Bereicherung für die vor uns liegende, bewegtere Zeit zu schöpfen. Natürlich gilt dies nur für den Fall, daß wir die Fastenzeit auch wirklich einhalten. Sollten wir dagegen im Widerspruch zur herrschenden Chi-Strömung weiterhin ein Leben in Jubel, Trubel, Heiterkeit führen, so kann sich diese Mißachtung bitter rächen. Die lauten Stimmen des irdischen Marktplatzes hätten dann unsere leise innere Stimme, die zu Ruhe und Selbstbesinnung mahnte, überschrien. Mit der Folge, daß wir uns überfordert, gestreßt, ausgelaugt fühlen.

Es ist eine Zeit, in der wir auch in der Liebe und bezüglich menschlicher Beziehungen weniger zu Experimenten neigen. Sollte uns in diesem Jahr dennoch etwas ganz Neues und Aufregendes über den Weg laufen, so werden wir darin eher das Solide und Dauerhafte suchen.

Beruflich kann es eine arbeitsame und anstrengende Phase werden, vergleichbar mit Haus Zwei, nur daß uns in Haus Acht größere Befriedigung aus der stillen, regelmäßigen Beschäftigung erwächst. Die Arbeit ist gewissermaßen Selbstzweck und bedarf zu ihrer Rechtfertigung nicht der spektakulären Erfolge und äußeren Belohnungen.

Ungeduld gehört zu den häufigsten, aber auch gefährlichsten Reaktionen von Menschen, die in ein solches Haus geraten sind. Haben Sie Vertrauen in die unvermeidlichen Veränderungen, die in den folgenden Jahren vor sich gehen können. Behalten Sie stets den ganzen Zyklus im Auge, der nur in der Gesamtheit seiner Einzelteile die vollendete Harmonie des Kosmos widerspiegelt.

Haus Neun: Die Aufdeckung der Wahrheit

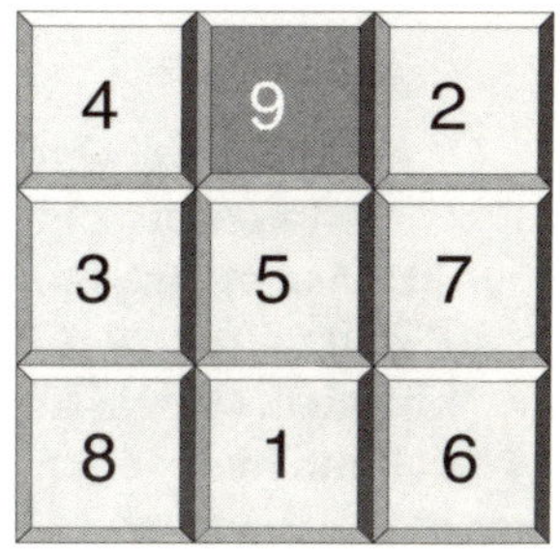

Dies ist eine Zeit, die in mehrfacher Hinsicht der Aufklärung dient. Alle Dinge können klarer gesehen werden, verborgene Wahrheiten werden aufgedeckt, Geheimnisse entzaubert. Alles, was in den vergangenen Jahren mehr oder weniger unbewußt abgelaufen ist, erscheint nun in einem neuen Licht. Oft erscheint diese neue Helligkeit grell oder gar blendend. Unter dem Einfluß dieses Hauses könnten Sie mit äußerst unbequemen Aussagen über Ihre Person konfrontiert werden. Aber auch Ihre Stärken werden Sie wie in einem klaren Spiegel vor Augen geführt bekommen.

Aufklärung kann aber auch so viel wie Aufhellung bedeuten. Die helle Energie von Haus Neun sorgt auch dafür, daß Sie nicht allzu lange in negativen und düsteren Gedankenwelten steckenbleiben. Selbst wenn Ihnen Unangenehmes widerfährt, wird Ihnen Haus Neun helfen, Ihre Situation mit kühlem Kopf zu analysieren und entsprechende Maßnahmen zu ergreifen.

Die Jahre der maßgeblichen Erkenntnisse

Für Liebesbeziehungen und Freundschaften bedeutet das, daß jede Art von Selbstbetrug und Verschleierungstaktik chancenlos ist. Im grellen Licht der Haus-Neun-Energie haben nur wirklich ehrliche und tragfähige Beziehungen Bestand. Und das ist im Grunde genommen gut so. Ein schlechtes Haus ist es nur für diejenigen, die sich selbst und anderen gegenüber unredlich sind, die beruflich mehr darstellen wollen als sie in Wahrheit sind, oder die gar in betrügerische Machenschaften verwickelt sind. Vermeiden Sie gerade in Haus-Neun-Jahren unbedingt, sich auf solche Dinge einzulassen.

Der realistische und zugleich optimistisch-positive Geist, der in den betreffenden Zeitabschnitten herrscht, dürfte Sie dabei unterstützen, auch langfristig tragfähige berufliche Projekte in Angriff zu nehmen oder weiterzuführen. Vielleicht werden Sie sogar von einer feurigen Begeisterung ergriffen, die zum Glück nichts mit jener dumpfen Art von Rausch zu tun hat, der immer sogleich der Kater folgt. Der schlimmste Fehler, den Sie in einem solchen Jahr machen können – neben dem Beharren auf Selbstbetrug und Täuschung –, wäre, sich diesem befeuernden Geist aus Ängstlichkeit und mangelndem Selbstvertrauen zu verschließen. Bleiben Sie vor allem geistig auf keinen Fall inaktiv und versuchen Sie sich ein wenig von den Tugenden der Chi-9-Menschen anzueignen, dann kann der Aufenthalt in diesem Haus für Sie zum wahrhaft erleuchtenden Erlebnis werden.

Wie wende ich mein Wissen von den Häusern an?

Auch hierbei sind wieder die Chi-„Aktionszeit-Häuser" auf den Seiten 34–68 hilfreich. Mit einem Blick kann man sehen, was in welchem Jahr an Herausforderungen auf uns zukommen wird

Sie werden besser in der Lage sein, sich mit den Energien der neun Häuser vertraut zu machen, wenn Sie das oben Gelesene in die Praxis umsetzen. Erstellen Sie dazu Ihre individuelle Biographie gemäß dem Persönlichkeits-Feng-Shui. Fertigen eine Tabelle an, in der Sie links die Lebensjahre seit Ihrer Geburt eintragen. Rechts notieren Sie, in welchem Haus sich Ihre persönliche Chi-Kraft in jenem Jahr aufhielt. Das können Sie auf ganz einfache und mechanische Weise bestimmen: In Ihrem Geburtsjahr befand sich Ihre Chi-Kraft unweigerlich in Haus Fünf, im Jahr nach Ihrer Geburt war dies Haus Sechs, dann Haus Sieben usw. Rechnen Sie ruhig auch mindestens neun Jahre über das aktuelle Datum hinaus, denn bei der Erforschung der näheren Zukunft wird es für Sie besonders spannend. Ihre Biographie gemäß Persönlichkeits-Feng-Shui können Sie immer aufbewahren – wie einen Mondkalender oder eine persönliche Biorhythmus-Kurve.

Lassen Sie nun die letzten neun Jahre im Gedanken Revue passieren. Ergeben sich auf den ersten oder zweiten Blick Übereinstimmungen mit den Beschreibungen der neun Häuser? Spiegeln diese Häuser eher Ihre innere oder Ihre äußere Entwicklung in den betreffenden Jahren wider? Oder haben Sie das Gefühl, Persönlichkeits-Feng-Shui hätte an manchen Stellen vollkommen versagt? Gibt es zwischen dem aktuellen Jahr und der Phase, die Sie neun Jahre zuvor durchlebt haben, gewisse Parallelen? Erforschen Sie auch die besonderen Jahre Ihres Lebens, die Ihnen besonders im Gedächtnis geblieben sind. In welchem Haus befand sich Ihre Chi-Kraft damals?

Wenn Sie noch Zeit und Geduld haben, wiederholen Sie das Spiel anhand des Lebenslaufs einer anderer Person, über deren Schicksal Sie gut informiert sind (Partner, Kinder, Eltern).

Grundregeln für die Deutung der Häuser in bezug auf Ihr Jahres-Schicksal

Jedes Haus ist für unsere Entwicklung sinnvoll

Wer seinen Aufenthalt in einem Haus gut nutzen will, versucht am besten, in Übereinstimmung mit der spezifischen Energie dieses Hauses zu leben. Man kann sich von der herrschenden Chi-Kraft Rückenwind geben lassen. Wer sich gegen den Strom der Zeit stemmt, wird Energie verlieren und das unbehagliche Gefühl haben, gegen übermächtige Kräfte zu kämpfen.

Einfach ausgedrückt: Denken und handeln Sie wie die Menschen, die von der gleichen Chi-Kraft geprägt sind wie das Haus, in dem Sie gerade stehen. Wer zum Beispiel ein Haus Vier durchläuft, fühlt sich am wohlsten, wenn er etwas von dem leichten, beweglichen Geist der Chi-4-Menschen annimmt. Dies wird Ihnen je nach eigener Prägung leichter oder schwerer fallen. Doch verstellen Sie sich nicht, bleiben Sie unbedingt Sie selbst. Spielen Sie einfach mit den unterschiedlichen Facetten Ihrer Energie. Den Kompromiß zu finden, ist oft schwer. Der Chi-1-Mensch verhält sich in einem Haus Vier idealerweise „Chi-4-haft", jedoch mit der ihm eigenen Chi-1-Färbung. Er wird also z. B. offen und beweglich sein, besagte Bewegungen werden sich aber eher innerhalb seiner *chi*-1-typischen abgeschlossenen Innenwelt abspielen. Er könnte z. B. wechselnde Interessengebiete einer tiefschürfenden mystischen Erforschung unterziehen. Von dieser Art sind 81 (9 x 9) Kombinationen möglich. Mit ein wenig Erfahrung in Persönlichkeits-Feng-Shui können Sie für jedes Jahr, das Sie durchwandern, Ihre spezielle Kräftekonstellation entwerfen und verwirklichen.

Damit wir das volle Potential dessen, was uns begegnen wird, annehmen können, ist es wichtig in Einklang mit der speziellen Energie des Hauses zu leben

Auf der anderen Seite geht es natürlich auch darum, Übertreibungen zu vermeiden, die im Wesen der spezifischen Energie eines Hauses liegen. Wiederum ist ein schwieriger Kompromiß zu finden: Man sollte sich anpassen, **aber** nicht zu sehr. Man sollte als Besucher in Haus Sechs ein bißchen vom Wesen der Chi-6-Personen annehmen, **aber** möglichst wenig von seinen Schwächen. Sein Glück genießen, **aber** nicht übermütig werden; andere führen, **aber** nicht anmaßend werden usw.

Meine Beschreibungen der neun Häuser entwerfen überwiegend ein Szenario der voll verwirklichten Chi-Kraft. Es kann sein, daß die dort geschilderten Erlebnisse überhaupt nicht auf Sie zutreffen, weil Sie den freien Fluß der betreffenden Chi-Kraft

Wie sich unsere Chi-Kraft in den einzelnen Häusern tatsächlich entwickelt, hängt von vielen verschiedenen Aspekten ab

blockieren. Sie tun dies vielleicht mit gutem Grund, denn auch in einem flexiblen Haus Vier werden Sie Ihren geliebten Ehepartner und ihre bewährte Arbeitsstelle nicht zugunsten wechselnder Abenteuer aufgeben wollen. Sie erkennen Haus Vier in solchen Fällen daran, daß Sie den Status quo in dem betreffenden Jahr mit größerer innerer Unrast und Unzufriedenheit erleben. In einem Haus Acht mögen Sie versucht sein, die ruhige, etwas behäbige Energie dieses Hauses zu ignorieren und in die für unsere Zivilisation typische hektische Betriebsamkeit zu verfallen. In diesem Fall kann es zu Streßsymptomen und Anzeichen von Überanstrengung kommen. Sie erkennen Haus Acht dann eben daran, daß Sie alles mit größerer Mühe und einem gewissen Widerwillen tun und sich verstärkt nach Ruhe sehnen.

Feinanalyse: Wie paßt der Gast zum Wirt?

Neben der allgemeinen Charakteristik der neun Häuser, die unabhängig davon gültig ist, wer diese Häuser betritt, ist auch noch ein individueller Faktor zu berücksichtigen: Wie gut harmoniert die Chi-Kraft des Hauses, in dem ich mich aufhalte, mit meinem persönlichen Chi-Typ?

Hier spielen, wie Sie sich vielleicht schon denken, wieder die fünf Elemente eine Rolle. Stellen Sie sich einfach vor, das Haus, in dem Sie sich befinden, wäre eine Persönlichkeit, und Sie müßten Ihre Beziehung zu ihr nach allen Regeln der Kunst analysieren. In der Tat kann man die Beziehung zwischen der Chi-Kraft des Hauses und jener der Person mit dem mehr oder weniger harmonischen Verhältnis zwischen Wirt und Gast vergleichen. Auch die neun Häuser lassen sich nach dem bekannten Schema den fünf Elementen oder Wandlungsphasen zuordnen. Der Begriff Wandlungsphase paßt sogar ganz ausgezeichnet zu der dynamischen Beschreibung von Jahresabläufen, die wiederum nur kleine Bausteine des viel größeren Lebensablaufs darstellen. Die Zuordnung sehen Sie in der nebenstehenden Tabelle.

Haus Eins	Wasser
Haus Zwei	Erde
Haus Drei	Holz
Haus Vier	Holz
Haus Fünf	Erde
Haus Sechs	Metall
Haus Sieben	Metall
Haus Acht	Erde
Haus Neun	Feuer

Es kann also z. B. sein, daß das Haus, in dem Sie sich im Jahr 2006 aufhalten, Wasser ist, Sie selbst aber ein Feuer-Typ sind. Wie Sie wissen, sind Feuer-Wasser-Beziehungen aber höchst brisant. Das gilt beileibe nicht nur für Beziehungen zwischen zwei Menschen. In Abwandlung meines schon bekannten Schemas (vergleiche Seite 82), möchte ich nun noch einmal die sechs bekannten Fälle (Füttern, Erschöpfen, Kontrollieren, Verletzen, Ergänzen, Spiegeln) durchspielen:

Wenn die Chi-Kraft des Hauses meine persönliche Chi-Kraft *füttert* ...
wird mir viel Kraft für meine Aufgaben aus unbekannten Quellen zufließen. Tendenziell werde ich Rückenwind spüren und das Gefühl haben, daß mir alles leicht fällt.

Wenn die Chi-Kraft des Hauses meine persönliche Chi-Kraft *erschöpft* ...
wird viel von meiner Energie in die Aufgaben fließen, die in diesem Jahr zu bewältigen sind. Tendenziell werde ich mich stark beansprucht oder sogar ausgelaugt fühlen, aber auch Befriedigung durch die Überwindung von Hindernissen spüren.

Wenn die Chi-Kraft des Hauses meine persönliche Chi-Kraft *kontrolliert* ...
werde ich das Gefühl haben, daß ich in der Entfaltung meiner persönlichen Anlagen eingeschränkt werde, daß die äußeren Ereignisse mich bremsen oder niederhalten.

Wenn die Chi-Kraft des Hauses meine persönliche Chi-Kraft *verletzt* ...
werde ich das Gefühl haben, daß mir die Ereignisse entgleiten, daß mir von außen Schmerzen zugefügt werden und daß das Schicksal achtlos über meine Bedürfnisse hinweggeht.

Wenn die Chi-Kraft des Hauses meine persönliche Chi-Kraft *ergänzt* ...
werde ich mich im großen und ganzen in Harmonie mit den äußeren Ereignissen fühlen, aber dennoch genügend Reibungsfläche vorfinden, um daran zu wachsen.

Wenn meine persönliche Chi-Kraft die Chi-Kraft des Hauses *spiegelt* ...
werden die äußeren Ereignisse mir in oft geradezu unheimlicher Weise entsprechen. Es kann allerdings sein, daß alles zu leicht geht und meine Energie aufgrund von mangelndem Widerstand erschlafft.

Analyse der Beziehung Haus-Person

Ihren eigenen Chi-Typ dürften Sie nun schon kennen. Bestimmen Sie nun anhand der Tabelle auf Seite 30, welche Chi-Zahl das Jahr, nach dem Sie fragen, allgemein beherrscht, und suchen Sie anhand der Zeichnung der neun Quadrate auf Seite 27

Einige Übungen helfen, fit im Umgang und der Deutung der Energien zu werden

Werde ich mich gebremst oder vom Schicksal mißachtet fühlen, oder werde ich das Gefühl haben, daß alles harmonisch abläuft?

das richtige Quadrat für das betreffende Jahr heraus. Die ermittelte Chi-Zahl muß innerhalb dieses Quadrats die Mitte einnehmen. In welchem Haus befindet sich Ihre persönliche Chi-Zahl in diesem Quadrat? (Wenn Sie z. B. ein Chi-9-Typ sind, schauen Sie, in welchem Haus die 9 steht.)

Bestimmen Sie nun, ob das Element Ihrer persönlichen Chi-Kraft das Element des Hauses, in dem Sie sich befinden, füttert oder erschöpft, kontrolliert oder verletzt, ergänzt oder spiegelt. Verwenden Sie hierzu die Tabellen auf auf den Seiten 82–85.

Versuchen Sie dann den Angaben auf Seiten 92–102 im Zusammenhang mit Ihrem persönlichen Schicksal Bedeutung zu geben: Wird das kommende Jahr eher beflügelnd oder kräftezehrend sein? Werde ich mich gebremst oder vom Schicksal mißachtet fühlen, oder werde ich das Gefühl haben, daß alles recht harmonisch abläuft?

Versuchen Sie anhand Ihres schon gesammelten Wissens über Ihren Chi-Typ vorauszusagen, wie sich ein Gast wie Sie vermutlich in einem solchen Haus fühlen wird. Mit welchen Widerständen dürften gerade **Sie** zu rechnen haben, und in welcher Weise kommt die herrschende Konstellation gerade **Ihrem** Charakter entgegen?

Dazu ein Beispiel aus der Praxis:
Volker ist Chi 3. Er möchte wissen, wie sich die Chi-Energie des Jahres 2003 zu ihm verhält und mit welchen Chancen und Risiken er zu rechnen hat. Seine Überlegungen sind:

- *2003 ist ein Chi-6-Jahr.*
- *Nun gilt es, das Quadrat zu finden, in dem sich die Zahl 6* ***in der Mitte*** *befindet.*
- *In diesem Quadrat befindet sich Volkers Chi-Kraft, die 3, in Haus* ***Zwei*** *(Süd-West-Haus, rechts oben).*
- *Wir haben es also mit der Konstellation 3 (Person)/2 (Haus) zu tun. 3 ist Holz, 2 ist Erde, und* ***Erde kontrolliert Holz.***

  Volker muß befürchten, daß die herrschende Energie des Jahres 2003 seine Charakteranlagen eher einschränken und bremsen wird. Es kann sein, daß er sich durch die Situationen, in die er geraten wird, eingeengt fühlt und das Bedürfnis hat, auszubrechen. Zum Beispiel könnte ihm seine Beziehung zu Dauerfreundin Julia zu eng werden. Es kann aber auch sein, daß er das Gefühl haben wird, sich in seiner Arbeitsstelle als Sachbearbeiter einer großen Behörde nicht so gut entfalten zu können, und deshalb Unzufriedenheit entwickelt. Was die Konstellation 3/2 konkret für ihn bedeu-

ten wird, ist im voraus kaum sinnvoll festzustellen. Wichtig ist es, ein Gespür dafür zu entwickeln, sobald das betreffende Jahr angebrochen ist.

Typisch für die Reaktion von Chi-3-Menschen, die ein Chi-2-Haus durchwandern, ist ein Gefühl der ***Ungeduld****. Haus Zwei symbolisiert den nur langsamen, mühseligen Fortschritt. Man muß viel Energie investieren, ohne dafür sogleich greifbare Erfolge zu sehen. Volker als Chi-3-Typ wird sich nur schwer mit diesem zähen Fortgang der Ereignisse abfinden können. Bei ihm entwickeln sich neue Wünsche und Bedürfnisse sehr schnell und spontan und drängen dann auf rasche Befriedigung. Am liebsten möchte er alles haben – und zwar am besten noch vorgestern. Volker wird sich da wohl oder übel ein bißchen anpassen müssen. Will er Dinge erzwingen oder übereilen, so kann es passieren, daß er Menschen vor den Kopf stößt oder sich am Genuß unreifer Früchte den Magen verdirbt. Schafft er es jedoch, seinen Weg durch Haus Zwei als vorübergehende Phase aufzufassen und sich zu ruhiger, kontinuierlicher Arbeit zu motivieren, so wird er spüren, daß es ihm die herrschende Chi-2-Energie leichter macht, als er vielleicht gedacht hätte. Er kann jetzt den Grundstein für seinen nahenden Durchbruch legen. Denn das nächste Jahr verbringt er in – Haus Drei!*

Geht's noch ein bißchen genauer?

Verhältnis von Jahres-Chi und Monats-Chi

Nicht jedes Jahr ist gleich, aber auch nicht jeder Monat eines Jahres gleicht dem anderen – auch hier gelten Chi-Gesetze

Ihre ersten Versuche, sich mit Hilfe von Persönlichkeits-Feng-Shui ein Jahreshoroskop zu erstellen, dürften Ihnen schon einige interessante Erfahrungen und Einsichten beschert haben. Vielleicht hatten Sie aber auch das Gefühl, die durchgeführten Analysen seien ein wenig zu simpel und pauschal. Sie drücken zwar eine gewisse Grundtendenz innerhalb eines Jahres aus, geben aber die Ereignisse kürzerer Zeitabschnitte nicht korrekt wieder.

Dieser Vorwurf ist im Prinzip berechtigt. Allerdings muß man bedenken, daß im vorliegenden Buch bisher nur die Grundbegriffe von Persönlichkeits-Feng-Shui vermittelt wurden. Die Analysen und Vorhersagen aufgrund des Jahres-Chi bilden nur ein recht grobes Raster. Manche Feinheiten Ihres Charakters, manche Ereignisse eines durchlebten Jahres fallen da notwendigerweise durch die Maschen.

Auch die Persönlichkeitsanalyse ist vielleicht etwas pauschal geraten. Wie sollte es auch anders sein: Wenn es auf der Welt nur insgesamt neun Menschentypen gibt, ist es nur logisch, daß auf jeden dieser Typen Millionen von ganz unterschiedlichen Individuen fallen. Jedes von ihnen ist eine ganz einzigartige Persönlichkeit.

Zum Glück gibt es in Persönlichkeits-Feng-Shui die Möglichkeit, neben dem Jahres-Chi auch noch ein Monats-Chi, ein Tages-Chi und sogar ein Stunden-Chi zu ermitteln. Im Rahmen dieses Einführungsbandes können wir zwar nur noch das Monats-Chi ausführlich behandeln, doch schon dies befähigt uns, die Welt mit einem weit feineren Raster abzubilden.

Wie wir gehört haben, ändert das magische Quadrat, das eine symbolische Darstellung der Kräftekonstellation im Kosmos ist, in jedem Jahr etwa um den 4. Februar seine Gestalt. Die neun Zahlen innerhalb des Quadrates wechseln dabei ihre Position nach einem vorgeschriebenen Muster. Es gibt insgesamt neun verschiedene Erscheinungsformen des „magischen Quadrats", so daß der Zyklus alle neun Jahre von vorne beginnt.

Neben diesem bekannten Jahresrhythmus existiert aber auch ein Monatsrhythmus. Jedem Monat ist ein Quadrat zugeordnet, das die Ordnung der neun beherrschenden kosmischen Kräfte in diesem Zeitraum darstellt: das Monats-Chi.

Das Jahres-Chi übt einen stärkeren Einfluß aus als das Monats-Chi

Jahres-Chi und Monats-Chi sind gleichzeitig und unabhängig voneinander gültig und überlagern einander. Allgemein kann man aber sagen, daß das Jahres-Chi den größeren Einfluß auf das menschliche Schicksal ausübt. Monatswechsel ist jeweils der 4., 5., 6., 7., 8. Oder 9. Tag des Kalendermonats. Nutzen Sie hierzu die Tabelle, auf Seite 111.

Die Ordnung der neun Zahlen innerhalb des Quadrats verändert sich nach genau dem gleichen Muster wie beim Jahres-Chi. Die Zahl in der Mitte des Quadrats (Haus Fünf) wird jeden Monat durch die nächstniedrigere Zahl ausgetauscht. So stand im Februar 1998 in Haus Fünf die 8, im März war es die 7, im April die 6, im Mai die 5 usw.

Natürlich stellt sich nun die Frage, ob die Gestalt des Monatsquadrats zum Zeitpunkt unserer Geburt auch Einfluß auf unseren Charakter und unser Schicksal hat – so wie dies beim Jahresquadrat der Fall war. Dies ist in der Tat so. Unser Monats-Chi prägt die Grundzüge unseres innersten Wesens in ähnlicher Weise wie das Jahres-Chi – nur mit der Einschränkung, daß sich das Monats-Chi etwas schwächer auswirkt. Man kann dies vielleicht ein wenig mit dem Verhältnis zwischen Sonnenzeichen und Aszendenten in der westlichen Astrologie vergleichen. Sie können zum Beispiel Wassermann mit Aszendent Skorpion sein und werden dann Charakterzüge beider Zeichen auf sich vereinigen, wobei der Aszendent eher Ihr Verhalten nach außen prägt, das Sonnenzeichen dagegen Ihre inneren Beweggründe.

Dieses Beispiel aus der westlichen Astrologie läßt sich zwar nicht 1:1 auf Persönlichkeits-Feng-Shui übertragen, es gibt Ihnen aber eine Ahnung davon, wie man das Verhältnis zwischen Jahres-Chi und Monats-Chi zu betrachten hat. Wenn Sie Ihre Monats-Chi-Zahl ermittelt haben, werden Sie vielleicht einige Züge Ihres Charakters besser begreifen, die durch die Beschreibung Ihres Jahres-Chi-Typs nicht ausreichend abgedeckt wurden. Sie werden sich als Mischtyp aus Jahres- und Monats-Chi verstehen lernen und einen tieferen Einblick in Ihr Wesen gewinnen. Mehr noch: Sie werden in die Lage versetzt, zu analysieren, in welcher Weise Ihr Jahres- und Monats-Chi miteinander harmonieren oder in Konflikt geraten. Vielleicht wird Ihnen dann manches über die Gründe Ihrer inneren Zerrissenheit (oder auch Ausgeglichenheit) klar werden. Kombiniert man die neun möglichen Jahres- mit den Monats-Typen, so erhält man 9 x 9 = 81 Möglichkeiten. Damit können Sie die charakterlichen Nuancen zwischen den Menschen schon weit besser erfassen als mit dem groben Schema der neun Chi-Typen.

Wie aber ermittelt man seine Monats-Chi-Zahl? Leider enthalten die Quellen dazu recht uneinheitliche Angaben. Ich will deshalb zunächst drei mögliche Betrachtungsweisen zur Diskussion stellen, um dann am Schluß meine eigene bevorzugte Lösung darzustellen.

Betrachten wir hierzu als Beispiel eine Chi-7-Person, geboren am 6. 2. 1948. Dieser Person können wir nebenstehendes Monatsquadrat zuordnen:

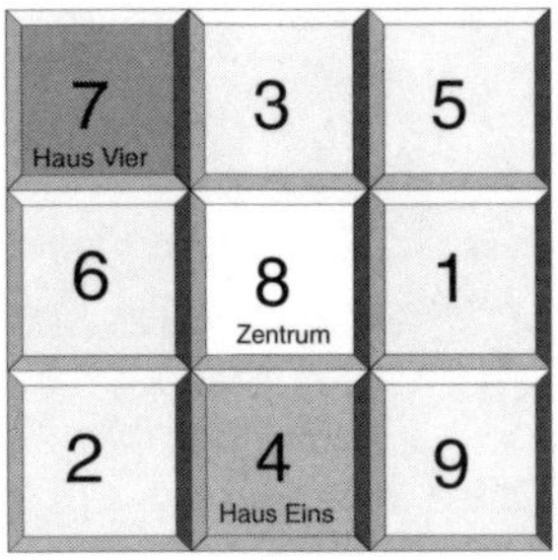

Beispiele zur Ermittlung des Monats-Chi

1. Variante: Die Zahl im **Zentrum** des Monatsquadrats ist für die Deutung der Persönlichkeit jener Menschen, die in dem betreffenden Monat geboren sind, entscheidend (in unserem Beispiel die 8).

2. Variante: Wichtig ist, in welchem **Haus** sich meine Jahres-Chi-Zahl im Monat meiner Geburt befindet (in unserem Beispiel die 7 in Haus Vier).

3. Variante: In jedem Monatsquadrat befindet sich ein **Haus der Lebenskraft**. Jenes Haus, das nie mit dem Zentrum identisch ist, hat in dem betreffenden Monat besondere Energie *(in unserem Beispiel Haus Eins, das Nordhaus)*. Diejenige Chi-Zahl, die zu diesem Zeitpunkt im Haus der Lebenskraft steht *(in unserem Beispiel die 4)*, ist in besonderem Maße gleichsam aktiviert und beeinflußt auch die Persönlichkeitsmerkmale der Personen, die unter dieser Chi-Konstellation geboren sind. Dies würde bedeuten, daß die Chi-7-Person in unserem Beispiel auch einige Charaktereigenschaften einer Chi-4-Person aufweist.

Wie sollen wir uns nun in dieser verwirrenden Vielfalt der möglichen Deutungen zurechtfinden? Nun, nach meiner Erfahrung mit tatsächlichen Fällen lebender Menschen, deren Geburtshoroskop Land Persönlichkeits-Feng-Shui ich erstellt habe, lassen sich mit Variante 3 die sinnvollsten Ergebnisse erzielen. Die Zahl, die im Geburtsmonat eines Menschen im Haus der Lebenskraft steht, steht für eine Art „Zweitcharakter" dieser Person, die mit dem Hauptcharakter, dem Jahres-Chi-Typ zu einem Charakterbild verschmilzt. Die Person in unserem Beispiel ist in erster Linie Chi 7, aber ein bißchen auch Chi 4.

Welche Bedeutung hat dann aber die Zahl, die im Monatsquadrat im Zentrum des Diagramms steht? Aller Erfahrung nach hat sie mit dem Wesen der betreffenden Person nichts oder nicht viel zu tun. Häufig symbolisiert sie geradezu **das Gegenteil** dessen, was wir als typische Charaktermerkmale dieses Menschen kennen. Es ist seine Anti-Chi-Kraft. Man könnte auch sagen, die

Zahl im Zentrum des Monatsquadrats signalisiert, was ein Mensch im Laufe seines Lebens noch **dazulernen** sollte, welche Eigenschaften ihm **fehlen** und welche er folglich noch in sein Wesen **integrieren** sollte. Doch ob Sie sich von dieser Deutung ansprechen und inspirieren lassen, bleibt allein Ihnen überlassen. Vielleicht haben Sie ja bei den Beschreibungen anderer Chi-Typen gedacht: „Ein bißchen was von der Gelassenheit von Chi 8 könnte ich schon gebrauchen", oder: „Ich möchte einmal soviel Charisma und Durchsetzungsvermögen haben wie Chi 6." Dann schauen Sie einmal, welche Zahl im Zentrum Ihres Monatsdiagramms steht!

Aus der Tabelle rechts unten können Sie problemlos entnehmen, was für Sie zutrifft. Links die Zahl im Zentrum, in der Mitte die Zahl im Haus der Lebenskraft. Die Zahl in der rechten Spalte besagt, an welchem Kalenderdatum der betreffende *Chi*-Monat beginnt. Wenn Sie z. B. am 1. Mai geboren sind, gehören Sie, „chinesisch" betrachtet, noch zum April. Übersehen Sie das bitte nicht bei der Feststellung Ihres Monats-Chi.

Berechnungs-Tabelle für das Monats-Chi

Jahres-Chi-Zahl	*1, 4, 7*		*2, 5, 8*		*3, 6, 9*	
	Z.	L.	Z.	L.	Z.	L.
4. Febr.–5. März	8	4	2	7	5	1
6. März–4. April	7	1	1	4	4	7
5. April–5. Mai	6	1	9	4	3	7
6. Mai–5. Juni	5	3	8	6	2	9
6. Juni–7. Juli	4	3	7	6	1	9
8. Juli–7. Aug.	3	5	6	8	9	2
8. Aug.–7. Sept.	2	6	5	9	8	3
8. Sept.–8. Okt.	1	7	4	1	7	4
9. Okt.–7. Nov.	9	5	3	8	6	2
8. Nov.–7. Dez.	8	1	2	4	5	7
8. Dez.–5. Jan.	7	8	1	2	4	5
6. Jan.–3. Febr.	6	4	9	7	3	1

Zum Verständnis der Tabelle: Schauen Sie einfach in der obersten Zeile nach, in welche der drei Gruppen Ihre Chi-Zahl gehört: 1/4/7, 2/5/8 oder 3/6/9. Anschließend suchen Sie in der linken Spalte nach Ihrem Geburtsdatum. Wo sich beide überkreuzen, finden Sie die zwei Zahlen, die zu Ihnen gehören:

Z. = Zahl im **Z**entrum
L. = Zahl im Haus der **L**ebenskraft

Die Abfolge der neun Erscheinungsformen des magischen Quadrats, bezogen auf die Monate, fügt sich in einen regelmäßigen 3-Jahres-Rhythmus. Das heißt, im vierten Jahr fällt auf jeden Monat wieder die gleiche Variante des Quadrats wie im ersten Jahr. Das liegt daran, daß die Zahl 9 genau viermal in einen Zeitraum von drei Jahren paßt, denn 9 x 4 = 36. Die Zahl 36 umfaßt aber auch 3 x 12 Monate, also drei Jahre.

Infolgedessen gleichen Chi-1-Jahre immer genau den Chi-4-Jahren und den Chi-7-Jahren. Die Abfolge der Monate in Chi-2-Jahren ist identisch mit Chi-5-Jahren und Chi-8-Jahren. Das gleiche gilt für Chi 3, Chi 6 und Chi 9.

Wie schon angedeutet, halte ich die Zahl im Haus der Lebenskraft für besonders bedeutsam. Wenn ich also im folgenden von Ihrer Monats-Chi-Zahl spreche, dann meine ich ausschließlich diese Zahl. Sie ist Ihr „Aszendent"gemäß Persönlichkeits-Feng-Shui, der zweitwichtigste Faktor für die Analyse Ihres Charakters.

Charakterdeutung mit Jahres- und Monats-Chi

Das Jahres-Chi überlagert das Monats-Chi

Jeder Mensch hat sowohl eine Jahres- als auch eine Monats-Chi-Zahl. Jede dieser Zahlen symbolisiert, wie Sie wissen, ein ganzes Sammelsurium von positiven und problematischen Charaktereigenschaften, die sich in den Lebensbereichen Liebe, Beruf und Spiritualität und natürlich auch in allen anderen Lebensbereichen auswirken. Es ist, als hätte jede/-r von uns gleichsam zwei Seelen in der Brust. Man kann sich diese beiden Persönlichkeitsanteile ruhig bildlich als getrennte Wesen vorstellen, die innerhalb des gleichen Körpers wohnen wie Dr. Jeckyll und Mr. Hyde. Natürlich sind diese beiden Anteile immer gleichzeitig in Ihnen vorhanden; auch läuft es selten so dramatisch ab wie in jener bekannten Horrorgeschichte. Bei den meisten Menschen arrangieren sich Jahres- und Monats-Chi irgendwie miteinander. Es kommt zu mehr oder weniger großen Reibereien; manchmal herrscht aber auch Waffenstillstand oder gar dauerhafte, perfekte Harmonie.

Über das Verhältnis von Haupt- und Neben-Chi gibt die Lehre von den 5 Elementen Aufschluß

Die chinesische Philosophie hat uns ein wirksames Instrumentarium in die Hände gegeben, um das Verhältnis zwischen Haupt- und Neben-Chi-Typ zu analysieren: Die schon bekannte Lehre von den fünf Elementen. Ausschlaggebend für ein tieferes Verständnis der Wechselwirkung beider Kräfte in Ihrem Inneren sind wieder die Tabellen auf den Seiten 82–85. Was Sie bisher als Aussage über die Beziehungen zwischen **zwei verschiedenen** Menschen gedeutet haben (z. B. 1 füttert 3, Wasser füttert Holz), können Sie nun auch auf die beiden Komponenten ein und derselben Person anwenden.

Wenn Ihre Monats-Chi-Zahl die Jahres-Chi-Zahl *füttert* ...
dann erhalten Ihre zur Jahres-Chi-Zahl gehörenden Eigenschaften kraftvolle Unterstützung durch das Monats-Chi. Normalerweise sind Sie ein in sich harmonischer Mensch.

Wenn Ihre Monats-Chi-Zahl die Jahres-Chi-Zahl *erschöpft* ...
dann ist es umgekehrt eher so, daß die Eigenschaften der Monats-Chi-Zahl durch jene des Jahres-Chi unterstützt werden.

Normalerweise sind Sie auch in diesem Fall ein harmonischer Mensch.

Wenn Ihre Monats-Chi-Zahl die Jahres-Chi-Zahl *kontrolliert* ...
dann werden Ihre zur Jahres-Chi-Zahl gehörigen Eigenschaften durch das Monats-Chi an ihrer Entfaltung gehindert oder abgemildert. Es ist wahrscheinlich, daß Sie sich oft selbst im Weg stehen oder mit sich hadern.

Wenn Ihre Monats-Chi-Zahl die Jahres-Chi-Zahl *verletzt* ...
dann werden Ihre zur Monats-Chi-Zahl gehörigen Persönlichkeitsanteile jene anderen Anteile des Jahres-Chi ablehnen und zu beschränken suchen. Auch hier ist zu vermuten, daß Sie sich oft selbst im Weg stehen oder mit sich hadern.

Wenn Ihre Monats-Chi-Zahl die Jahres-Chi-Zahl *ergänzt* ...
ist zu vermuten, daß Sie im großen und ganzen mit sich im reinen sind, denn beide Persönlichkeitsanteile harmonieren; dennoch verfügen Sie noch über genügend charakterliche Facetten, um nicht langweilig zu wirken.

Wenn Ihre Monats-Chi-Zahl die Jahres-Chi-Zahl spiegelt ...
ist es beinahe zuviel der Harmonie. Sie vertreten Ihren Chi-Typ in Reinkultur. Wahrscheinlich finden Sie sich in den Beschreibungen des entsprechenden Kapitels besonders gut getroffen. Die Fähigkeit zur Selbstkritik, zur Auseinandersetzung mit Ihren problematischen Eigenschaften könnte schwach ausgeprägt sein. Das kann Ihnen den Anschein von Unbeirrbarkeit, aber auch Selbstgerechtigkeit geben.

Kurz einige Beispiele für die Selbstanalyse aufgrund des Verhältnisses zwischen Jahres- und Monats-Chi:

Beispiele für das Verhältnis von Jahres- zu Monats-Chi

Karl (41): Jahres-Chi: 5; Monats-Chi: 6
Erde füttert Metall; Metall erschöpft Erde

Karl engagiert sich leidenschaftlich im Tierschutz. Sein Mitgefühl für die leidende Kreatur sowie das Aufbegehren gegen bestehende Verhältnisse kennzeichnen den Chi-5-Menschen. Auch macht er sich nicht gerade viele Freunde, wenn er Fleisch essende Zeitgenossen gelegentlich der Beihilfe zum Tiermord bezichtigt. Wenn er nicht gerade in einer kämpferischen Phase ist, neigt er dazu, zu resignieren und schockiert andere mit der Behauptung, in einer solchen Welt wäre es für Mensch und Tier wohl besser, gar nicht erst geboren zu sein. Karls Monats-Chi 6 verleiht seinem Engagement außerdem einen dominanten Zug. Er hat sich längst zum Wortführer und heimlichen Chef der örtlichen Tierschutzgruppe aufgeschwungen. Ohne ihn, denkt Karl, würde in seinem Verein nichts vorwärts gehen, weshalb er stets Führung und Organisation für sich beansprucht. Er motiviert, reißt andere mit, gibt aber auch Normen vor und neigt dazu, abweichende Meinungen in aller Öffentlichkeit abzukanzeln. Man kann sagen, daß Karls durch den Chi-5-Charakter bedingtes Engagement seiner dominanten Veranlagung (Chi 6) Nahrung und Inhalt gibt (Erde füttert Metall). Sein Star- und Chefgehabe verbaut ihm aber auch oft den spontanen Zugang zu anderen Menschen und verwickelt ihn in Dominanzkämpfe, die seinen eigentlichen Zielen (Chi 5: der rebellische Weltverbesserer) die Energie abgraben (Metall erschöpft Holz). Dennoch fügen sich beide charakterliche Komponenten hier zu einem einheitlichen, harmonierenden Charakterbild zusammen.

Anja (25): Jahres-Chi: 1; Monats-Chi: 9
Wasser kontrolliert Feuer; Feuer verletzt Wasser

Anja besitzt ein sehr tiefgründiges Wesen mit Hang zum Mystischen und Okkulten. Oft vertieft sie sich in Bücher, die vom Leben nach dem Tod, von Magie oder von düsteren Verschwörungstheorien handeln. Sie überlädt ihren Geist bis zu einem Grade, der ihrer psychischen Allgemeinverfassung nicht mehr guttut. Anja verschließt sich in solchen Phasen vor anderen Menschen, denen sie unterstellt, ihre Gedankenwelt sowieso nicht nachvollziehen zu können (Chi 1). Positiv wirkt sich aus, daß es auch noch eine helle Komponente in ihrem Wesen gibt (Chi 9), die allerdings durch ihre dominierende okkulte Veranlagung unterdrückt wird (Wasser kontrolliert Feuer). Auch verfügt sie über einen scharfen Verstand, der durchaus in der Lage wäre, das Dickicht wuchernder esoterischer Spekulationen zu durchdringen und Sinnvolles von Unsinnigem zu unterscheiden. Manchmal torpediert Anjas wissenschaftlicher Scharfblick ihre Esoterik-Begeisterung. Anja macht sich dann selbst Vorwürfe wegen ihres Versinkens im geistigen Sumpf unbewiesener Behauptungen und verachtet sich im schlimmsten Fall sogar dafür (Feuer verletzt Wasser). Damit dieser Konflikt nicht zu schmerzhaft für sie wird, neigt Anjas Wasser-Anteil wiederum dazu, das Feuer zu ersticken oder auf kleiner Flamme brennen zu lassen. Insgesamt ein sehr uneinheitliches und zerrissenes Charakterbild, das der Betreffenden manch seelischen Konflikt bereiten dürfte.

Analyse von Paarbeziehungen aufgrund des Jahres- und Monats-Chi

Die komplexe Wechselwirkung von Jahres- und Monats-Chi in Partnerschaften

Wie Sie gesehen haben, lassen sich durch die Kombination von Jahres- und Monats-Chi bereits ziemlich viele Facetten einer Persönlichkeit untersuchen. Dadurch wird aber auch alles ein bißchen komplizierter, und es dauert etwas länger, bis man zu einem stimmigen Charakterbild gelangt.

Sie können sich vorstellen, daß die ganze Angelegenheit noch etwas verzwickter wird, wenn wir zwei dieser an und für sich schon sehr vielschichtigen Charaktere aufeinander loslassen, um ihre wechselseitige Beziehung zu analysieren. Genaugenommen treffen hier mindestens vier „Personen“ aufeinander: das Jahres-Chi von Person 1, das Monats-Chi von Person 1, das Jahres-Chi von Person 2 und das Monats-Chi von Person 2. Wie die Graphik zeigt, müssen hier außerdem vier verschiedene Konstellationen untersucht werden – vom Kräfteverhältnis innerhalb derselben Persönlichkeit einmal abgesehen.

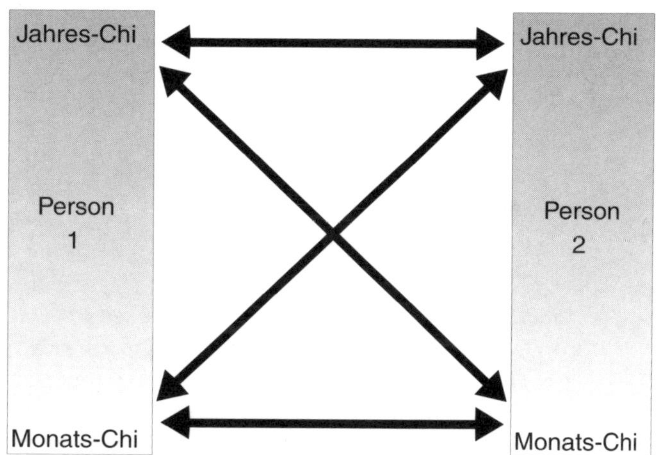

Diagramm der Wechselwirkungen von Chi-Ebenen in einer Partnerschaft

Sie können nun für jede dieser vier Beziehungen gemäß den gelernten Kriterien (Fütterungs- und Erschöpfungskreislauf, Kontroll- und Verletzungszyklus, Bruder-Schwester-Gesetz oder identischer Chi-Typ) untersuchen. Verwenden Sie dazu am besten die ausführliche Darstellung auf den Seiten 82–85. Beachten Sie dabei bitte auch, daß bei der Gegenüberstellung von Jahres- und Monats-Chi in der Regel das Jahres-Chi dominiert.

Nach Abschluß der vier Einzelanalysen muß ein Resümee gezogen werden, das die Erfolgsaussichten einer solchen Beziehung bewertet. Neben der Anwendung der Fünf-Elemente-Lehre sollte man nicht vergessen, die speziellen Vorzüge und Tücken jedes einzelnen Chi-Typs in Erwägung zu ziehen. Chi 3 wird eben doch ein bißchen anders reagieren als Chi 4, obwohl beide dem Element Holz zugeordnet sind.

Wagen wir nun die Probe aufs Exempel und versuchen wir, unsere beiden schon bekannten Versuchspersonen Karl und

Anja miteinander zu verkuppeln. Ihre Beziehung ließe sich durch die untenstehende Graphik darstellen.

Karls Jahres-Chi: 5 und Anjas Jahres-Chi: 1
Erde kontrolliert Wasser; Wasser verletzt Erde

Karl ist engagiert bis fanatisch darauf bedacht, die materielle Realität (z. B. die Situation im Tierschutz) in seinem Sinne zu verändern; Anja ist zurückgezogen bis gleichgültig gegenüber der äußeren Welt und hat keinerlei Interesse daran, tatkräftig an etwas mitzuwirken. Karl dürfte Anja vorwerfen, dem Unrecht auf dieser Welt nur bequem und tatenlos zuzusehen und sich in eine versponnene Scheinwelt zu flüchten; Anja wird Karl Verbissenheit und einen auf die Oberfläche der Dinge beschränkten Aktionismus vorwerfen. Diesen Konflikt auf der Inhaltsebene wird ein anderer auf der Beziehungsebene begleiten. Karl wird den fordernden, zudringlichen Part übernehmen – wird versuchen, Anja durch provokante Konfrontation aus ihrer verschlossenen seelischen Innenwelt herauszureißen; Anja verschließt sich im Gegenzug noch mehr und läßt Karl auflaufen, was diesem das Gefühl vermittelt, nicht geliebt zu werden. Eine äußerst problematische Konstellation, wenn man bedenkt, daß hier Jahres-Chi auf Jahres-Chi trifft und es sich somit um die wichtigste der hier angesprochenen Beziehungen handelt. Treffen könnten sich beide lediglich in ihrem beiderseitig recht düsteren Weltbild. Vielleicht ließe sich über eine Verschwörung zwischen Regierung, CIA und Fleischwirtschaft spekulieren. Auch könnte Anja durch die Beschäftigung mit spirituellen Dingen auch ethischen Überlegungen offen sein und z. B. Vegetarierin werden.

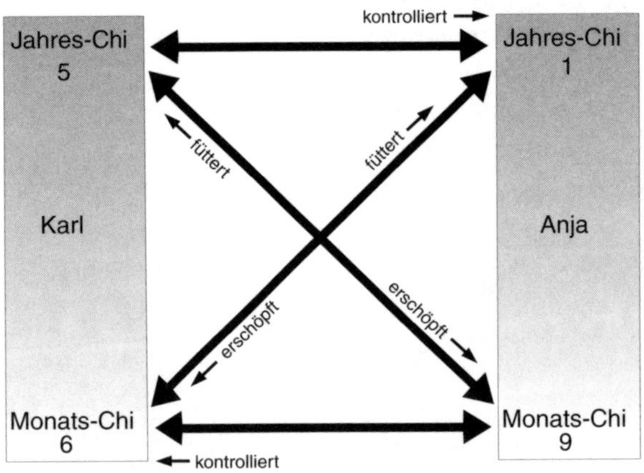

Dieses Diagramm zeigt die Wechselwirkungen von Chi-Ebenen in einer Partnerschaft anhand des Beispiels von Karl und Anita

Karls Jahres-Chi: 5 und Anjas Monats-Chi: 9
Erde erschöpft Feuer; Feuer füttert Erde

Anjas Fähigkeit zu klaren, rationalen Analysen dürfte den rebellisch-humanitären Zielen von Karl manchmal unterstützend zur Hilfe kommen. Sie könnte seinem Engagement manchmal rationale Munition liefern und ihn andererseits bremsen, wo er über sein Ziel hinausschießt. Diese Aufgabe verbraucht allerdings einiges von Anjas Kraft (Erde erschöpft Feuer). Gleichzeitig ist dieser Feuer-Anteil Anjas ihrem eigenen (Wasser-)Mystizismus abgeneigt und könnte sich mit Karls tatkräftiger, dem Diesseits zugewandter Einstellung verbünden, um Anjas Versinken in untätigem Grübeln und Spekulieren einzudämmen.

Karls Monats-Chi: 6 und Anjas Jahres-Chi: 1
Metall füttert Wasser; Wasser erschöpft Metall

Karls dominante und aktive Charakteranlage ist dazu geeignet, Anja aufzurütteln und sie zu neuen Betätigungsfeldern hinzuführen. Anja als Chi 1 ist zwar nicht ausgesprochen passiv, jedoch sehr autonom und auf sich selbst bezogen. Sie benötigt einen starken Impuls, um ihre Aufmerksamkeit auf andere Dinge zu lenken. Diesen kann ihr Karl als Chi 6 geben, wodurch seine Kräfte allerdings mitunter erschöpft werden. Obwohl Wasser und Metall grundsätzlich harmonieren, gibt es zwischen diesen beiden Menschen jedoch auch einige Reibeflächen: Karl dürfte aufgrund seiner Chi-6-Veranlagung als Gesetzgeber tätig werden und klare ethische Normen aufstellen. Anja wird sich dieser Vorgabe zwar nicht wortreich widersetzen, sich jedoch der Festlegung entziehen und ausweichen. Dem Chi-1-Menschen ist nicht an der Bewertung der vordergründigen Realität, sondern am Erspüren ihrer verborgenen Hintergründe gelegen. Karl wird dies als Kneifen interpretieren und eher eine verächtliche Haltung einnehmen. Sein dominantes und intensiv-zudringliches Verhalten wird überdies den Konflikt zwischen seinem und Anjas Jahres-Chi (5 und 1) verschärfen.

Karls Monats-Chi: 6 und Anjas Monats-Chi: 9:
Metall verletzt Feuer; Feuer kontrolliert Metall

Anjas rationaler Anteil (Chi 9) dürfte Karls Dominanzanspruch kritisch hinterfragen oder gar mit messerscharfer Ironie torpedieren. Dadurch wird Karls Chefgehabe daran gehindert, sich zu aufdringlich zu entfalten. Obwohl die Kombination Feuer-Metall generell ungünstig ist, könnte hier der positive Aspekt von Kontrolle ein wenig zum Tragen kommen: Macht (Chi 6) bedarf schließlich – nicht nur gesellschaftlich betrachtet – immer der Kontrolle. Allerdings wird Karl leiden, weil diese Konstellation seiner Natur zuwiderläuft. Er wird sich dadurch als Mensch nicht genügend angenommen fühlen, wird es zum Beispiel persönlich nehmen, wenn Anja seine vehement vorgebrachten Vorschläge für gemeinsame Aktivitäten kalt abblitzen läßt. Diese rationale Kühle in Kombination mit einer verschlossen-versonnenen Wesensart (Chi 1) wird Karls Gefühle oft verletzen.

Resümee: *Eine überwiegend problematische Beziehung, die nur durch viel Toleranz und ein tragfähiges Reservoir an gegenseitiger Liebe aufrechtzuerhalten ist. Statistisch betrachtet halten sich zwei harmonische (Fütterung/Erschöpfung) und zwei konfliktreiche (Kontrolle/Verletzung) Konstellationen die Waage. Allerdings ist die entscheidende und alles prägende Beziehung diejenige zwischen Jahres-Chi und Jahres-Chi – und da sieht es überwiegend düster aus. Anja müßte ihre esoterische Neigung in eine ethisch-engagierte Richtung lenken, und Karl müßte sich mehr mit den geistig-spirituellen Hintergründen der von ihm kritisierten gesellschaftlichen Mißstände befassen. Die Freude daran, vom anderen zu lernen und sein eigenes Wesen durch die vom anderen hinzugefügten Eigenschaften zu bereichern, müßte für beide ein vorherrschendes Motiv sein. Leider ist Chi 6 (Karls Monats-Chi) wenig geneigt, sich von der Position des Lehrers und Richters auf jene des Lernenden zu verlegen. Anja könnte aufgrund ihrer spirituellen Neigung eher dazu bereit sein. Chi-1-Menschen wie Anja sind der romantischen, mitunter auch melancholisch-unglücklichen Liebe zugeneigt. Sie könnte aufgrund dessen auch für längere Zeit an einer problematischen Beziehung festhalten („spirituell wachsen durch schmerzvolle Lernerfahrung"). Eine Hoffnung würde sich auftun, wenn Karls kraftvoller sexueller Impuls mit Anjas Sehnsucht nach mystischer Verschmelzung zu einer größeren Einheit zusammenwachsen könnte. Andererseits besteht die Gefahr, daß Karl hier in die Rolle des Fordernden, Zudringlichen, Anja dagegen in die Position der Verschlossenen, sich Entziehenden hineingerät. Da es generell nicht zu empfehlen ist, daß beide Partner der Beziehung zuliebe etwas anderes zu werden versuchen als sie von Natur aus sind, besteht die einzige Hoffnung für diese Liebe in Toleranz. Man könnte sich eine äußerlich distanzierte Beziehung vorstellen, bei der sich beide viel Freiraum zugestehen, um sich in weniger häufigen, dafür aber magischen Momenten zu begegnen und mit ihren so unterschiedlichen Waffen aneinander zu reiben.*

Vorhersagen für die Zukunft aufgrund von Jahres- und Monats-Chi

Chi-Typ, Jahres-Chi und Monats-Chi beeinflussen sich wechselseitig, wobei der Chi-Typ meine persönliche Grundhaltung definiert, das Jahres-Chi meine Entwicklungsphase bestimmt und das Monats-Chi sozusagen der Indikator für konkrete Ereignisse ist

Wir Sie im Kapitel über die „Häuser“ gesehen haben, ist es möglich, den allgemeinen Charakter eines Jahres, bezogen auf die Ihre Jahres-Chi-Zahl, zu bestimmen. Aus der Beschreibung der typischen Grundstimmung in jedem dieser 9 Häuser lassen sich grobe Voraussagen über den Verlauf eines solchen Jahres treffen. Sie können auch versuchen, typische Fehler zu vermeiden, die beim Durchschreiten eines bestimmten Hauses auftreten mögen. Sie lernen, sich der Energie des jeweiligen Hauses bis zu einem bestimmten Grad anzupassen, ohne jedoch zu einem karikaturhaft übertriebenen Ausdruck dieser speziellen Energie zu werden.

Da wir uns in diesem Kapitel mit dem Monats-Chi befassen, stellt sich natürlich die Frage, ob auch bezüglich der Häuser eine Feinanalyse möglich ist. Lassen sich Voraussagen darüber treffen, welche Energie einen bestimmten Monat des Jahres mit ihrer Grundcharakteristik prägen wird?

Leider sind die Quellen bezüglich dieser berechtigten Frage ziemlich unklar. Durch eigene Schlußfolgerungen und ihre Überprüfung anhand konkreter Fälle kam ich jedoch zu folgender Theorie über die Wirkung der neun Häuser in den Monaten:

Entscheidend hierfür ist meine **Jahres-Chi-Zahl**. Anhand der Stellung der Jahres-Chi-Zahl in meinem Monatsdiagramm kann ich feststellen, welches Haus in dem betreffenden Zeitraum für mich zuständig ist. Wenn ich eine Chi-2-Person bin und sich die Zahl 2 im Monatsdiagramm von Juni 1999 in Haus Drei befindet, so habe ich in diesem Monat Ereignisse zu erwarten, die für Haus Drei typisch sind. Zugleich befindet sich meine Chi-Zahl 2 aber während des ganzen Jahres 1999 Haus Sechs. Das heißt: Die grundlegende Jahresenergie (6) wird im Juni von der Monatsenergie (3) überlagert. Beide Energien sind gleichzeitig wirksam, durchdringen einander und beeinflussen gemeinsam die Grundstimmung jenes Monats. Das kann zum Beispiel bedeuten: Innerhalb eines Haus-Sechs-Jahres, das von einer Grundstimmung der Erfüllung, des Zenits einer positiven Aufwärtsentwicklung geprägt ist, markiert der Haus-Drei-Monat noch einmal so etwas wie einen Donnerschlag, den plötzlichen Durchbruch, der Ihren Plänen zum Erfolg verhilft.

Wiederum gibt es 81 mögliche Kombinationen, neun mögliche Jahres-Häuser, von neun möglichen Monats-Häusern überlagert. Innerhalb eines Jahres kann es höchstens 2 Monate geben, in denen sich Ihre Chi-Zahl im gleichen Haus aufhält. Denn der 10. Monat entspricht wieder dem gleichen Haus wie der 1. Monat.

Wie können Sie nun konkret Ihre Monats-Haus-Energien bestimmen?

So finden sie heraus, welche Energie und damit Möglichkeiten sich Ihnen zu einem bestimmten zukünftigen Zeitpunkt bieten

Sie kennen vermutlich längst Ihre persönliche Jahres-Chi-Zahl. Bestimmen Sie anhand der Tabelle auf Seite 30 die Chi-Zahl des Jahres, für das Sie eine Voraussage treffen möchten, und anhand der Tabelle auf Seite111, welche Zahl im Diagramm des betreffenden Monats, für den Sie eine Voraussage wünschen, **im Zentrum** steht. In dieser Tabelle sind für jeden möglichen Monat zwei Zahlen angegeben. Gefragt ist hier ausschließlich die **linke** Zahl.

Suchen Sie nun anhand der Skizze der neun möglichen Grundstellungen des magischen Quadrats (Seite 27) das Quadrat heraus, in dem die gefundene Zahl im Zentrum steht. Sie haben nun das allgemeingültige Monatsdiagramm für den gesuchten Monat ermittelt.

In welchem Haus befindet sich nun Ihre persönliche Jahres-Chi-Zahl? Schlagen Sie bei der Beschreibung der Häuser (Seite 91–102) nach, was einen Menschen beim Durchschreiten eines solchen Hauses im allgemeinen erwartet, welche Probleme er zu umschiffen, welche Vorsichtsmaßnahmen er zu treffen hat.

Versuchen Sie, eine Verbindung zu Ihrem persönlichen Fall herzustellen und arbeiten Sie eine auf Sie persönlich zugeschnittene Chancen-Risiken-Analyse aus. Welche konkreten Schritte können Sie unternehmen, um für die Zeit in jenem Monats-Haus richtig gewappnet zu sein?

Denken Sie nun auch an das Haus, in dem sich Ihre persönliche Chi-Zahl während des ganzen **Jahres** befindet. In den meisten Fällen wird es sich von jenem anderen (Monats-)Haus unterscheiden. Wie könnten die Energien beider Häuser zusammenwirken? Welche Auswirkungen hätte das für Ihr persönliches Schicksal, und welche Vorsichtsmaßnahmen sind aufgrund dessen zu treffen?

Fallbeispiel

Kurt, eine Chi-8-Person, versucht eine Chancen-Risiken-Analyse für den Monat Mai 1999 vorzunehmen. Seine Überlegungen:

1. *Kurt ist eine Chi-8-Person.*
2. *1999 ist ein Chi-1-Jahr.*

Fallbeispiel für eine Chancen-Risiko-Analyse

3. *In Chi-1-, Chi-4- und Chi-7-Jahren fällt auf den Zeitraum vom 6. Mai bis zum 5. Juni die Zahl 5. Diese Zahl steht also im Zentrum des magischen Quadrats.*
4. *Für diesen Monat ist das magische Quadrat in seiner ursprünglichen Form gültig. Kurts Chi-Zahl, die Acht, steht also in Haus Acht.*
5. *In Haus Acht, dem Haus der Stagnation, hat Kurt eine eher ruhige, gesammelte Atmosphäre zu erwarten. Der „Zeitgeist" ist stiller und kontinuierlicher Arbeit an den anliegenden Projekten zuträglich. Da Kurt zugleich eine Chi-8-Person ist, wird er sich in Haus Acht wie zu Hause, sozusagen in seinem Element fühlen. Es besteht jedoch die Gefahr, daß die Eigenschaften von Chi 8 in übersteigerter, geradezu karikaturhafter Form hervortreten, weil ihnen keine gegenläufige Energie Einhalt gebietet.*
6. *Es könnte sein, daß Kurt in starre Disziplin verfällt und auf seine Mitmenschen reichlich steif, dröge und verschlossen wirkt, während er doch mit sich selbst vollkommen im reinen ist. Sofern geistige Flexibilität und kommunikatives Verhalten in Kurts Beruf gefordert sind, sollte er sich überlegen, ob er sich im Interesse seines Fortkommens nicht vorübergehend zu artfremdem Verhalten zwingen könnte. Solche Maskeraden sind allerdings niemals über einen längeren Zeitraum zu empfehlen. Wenn es sich irgendwie einrichten läßt, sollte sich Kurt der Energie des Augenblicks hingeben und es genießen, einen Monat lang quasi in der eigenen Soße zu schwimmen. Das Wegschaffen größerer Berge Arbeit, aber auch Meditation und Konzentration auf die wesentlichen und zeitlosen Dinge des Lebens sind nun gut bestrahlt. Kurt könnte sich z. B. entscheiden, mal wieder einen Klassiker als Bettlektüre zu verwenden oder sich an einem Wochenende in Klausur zu begeben, um in Ruhe über sein Leben nachzudenken.*
7. *Zusätzlich ist während des ganzen Jahres 1999 eine starke Chi-1-Energie wirksam. Kurt hat es also im betreffenden Monat mit der Kombination Chi 1/Chi 8 zu tun. Beide Häuser sind sich auf den ersten Blick ähnlich, weil sie den Menschen, der sie durchläuft, eher introvertiert und zurückgezogen machen. Auf den zweiten Blick ist hier allerdings der größtmögliche Gegensatz wirksam, nämlich der zwischen Chaos und Zerrissenheit (Haus Eins) und Disziplin und Sammlung (Haus Acht). Außerdem zwischen Latenz, bewegungslosem Abwarten besserer Zeiten (Haus Eins) und ge-*

mächlicher, aber effektiver Aktivität (Haus Acht). Haus Eins wird Kurts Gedanken eher abschweifen und möglicherweise in düstere Regionen abtauchen lassen. Es wird den Blick des Betrachters von diesseitigen Belangen ablenken und sie auf die geistige Welt richten, die hinter den sichtbaren Dingen im Verborgenen existiert. Haus Acht dagegen läßt Kurt durchaus konkrete Ziele auf ruhige, aber beharrliche Weise verfolgen. Haus Eins könnte also die Ziele von Haus Acht torpedieren und aufweichen. Andererseits wäre jedem Menschen bei Durchlaufen von Haus Eins Geduld, stilles Pläneschmieden und Auseinandersetzung mit der geistigen Welt anzuraten, damit er nicht in die Situation kommt, gegen den Strom der vorherrschenden Energie zu schwimmen. Es müßte ein Kompromiß zwischen den Erfordernissen beider Häuser geschlossen werden, der in diesem Fall nicht ganz leicht ist. (Chi 1 verletzt Chi 8, weil Wasser Erde verletzt. Insgesamt herrscht also keine Harmonie zwischen den beiden Kräften.) Kurt sollte so weit wie möglich eine bewußte Entscheidung für ein eher introvertiertes, zurückgezogenes Leben treffen – dann aber abwägen, inwieweit er Projekte ruhig und beharrlich angehen (Haus Acht) oder sich auch einmal von seinen Gedanken treiben lassen, äußerlich inaktiv sein und verschiedene Pläne nur gedanklich duchspielen soll.

Damit Sie noch mehr Übung bekommen, nehmen Sie einfach die folgenden Tips mit auf den Weg:

- Fertigen Sie für das vergangene Jahr bis zum gegenwärtigen Monat eine persönliche Monatsbiographie von sich an. Legen Sie für jeden einzelnen Monat fest, in welchem Haus sich Ihre Chi-Zahl zu diesem Zeitpunkt befand. Versuchen Sie dann, sich die allgemeine Stimmung und die Ereignisse des jeweiligen Monats wieder ins Gedächtnis zu rufen. Können Sie Spuren der jeweiligen Häuser erkennen, oder überwiegt der Eindruck, daß hier das Jahres-Chi (1999 zum Beispiel Chi 1) mit seiner besonderen Kraft wirksam war?

Schreiben Sie nun dieselbe Biographie noch einmal – nur für die unmittelbare Zukunft, also die kommenden zwölf Monate. Überlegen Sie sich jeweils zum Monatsanfang („chinesisch" betrachtet der 4., 5., 6., 7., 8. oder 9. Tag des Monats) eine mögliche Strategie. Überprüfen Sie zum Ende jeden Monats, ob sich die Wirksamkeit der Chi-Kraft bemerkbar gemacht hat und ob es Ihnen gelungen ist, sich in ihrem Kraftfeld optimal zu bewegen.

Wohin soll ich reisen?

Persönlichkeits-Feng-Shui und die Dimension des Raums

Reisen im Einklang mit der persönlichen Chi-Energie

Alle Berechnungsmethoden, die wir bis jetzt kennengelernt haben, könnten unter dem Begriff **Persönlichkeits-Feng-Shui der Zeit** zusammengefaßt werden. Wir haben den Einfluß des Geburtszeitpunkts (Jahr und Monat) auf den Charakter der betreffenden Person untersucht. Dann wandten wir uns der Frage zu, welche energetische Atmosphäre jemand erwarten kann, wenn er mit einer bestimmten Geburtsprägung den besonderen Schwingungen eines beliebigen späteren Zeitpunkts ausgesetzt ist. All dies konnte losgelöst von der Dimension des **Raumes** analysiert werden. Wir gingen dabei von der unausgesprochenen Voraussetzung aus, daß wir uns stets an ein und demselben Ort befinden und uns lediglich in der Zeit fortbewegen.

Wie ich aber schon angedeutet habe, gibt es im Persönlichkeits-Feng-Shui auch eine räumliche Komponente, das **Persönlichkeits-Feng-Shui des Raumes** sozusagen. Nebenstehend ist ein magisches Quadrat abgebildet, das den acht äußeren Häusern die acht Himmelsrichtungen zuordnet. Im Gegensatz zu unserer Gewohnheit ist der Norden unten, der Süden oben, der Westen rechts und der Osten links angesiedelt. Diese Verdrehung des in unserer Kultur üblichen Bildes ist gewiß zuerst gewöhnungsbedürftig. Noch mehr Verwirrung würde es jedoch stiften, wenn wir unser altgewohntes magisches Quadrat umdrehen und Haus Eins (den Norden) auf einmal nach oben verlegen müßten. Versuchen Sie sich also allmählich an die östliche Sicht der Dinge zu gewöhnen.

Die Chi-Reiserichtungen

Haus Fünf entspricht demnach dem Zentrum, dem Standort des Betrachters oder dem Ausgangspunkt für Reisen, die nun in die verschiedenen Himmelsrichtungen unternommen werden können. Wir wissen, daß die Zahl, die in einem bestimmten Jahr im Zentrum des Quadrats steht, die vorherrschende Energie dieses Jahres symbolisiert. Wenn die 1 in der Mitte steht, sprechen wir von einem Chi-1-Jahr, und Personen, die dann geboren sind, heißen Chi-1-Personen usw. Was geschieht aber, wenn wir in einem solchen Jahr eine Reise unternehmen?

9 Südosten	5 Süden	7 Südwesten
8 Osten	1	3 Westen
4 Nordosten	6 Norden	2 Nordwesten

Dieses Beispiel zeigt die möglichen Reiserichtungen in einem Chi-1-Jahr

Betrachten wir einmal das Jahresdiagramm für Chi-1-Jahre: In einem solchen Jahr steht

- im Norden die 6
- im Nordwesten die 2
- im Westen die 3
- im Südwesten die 7
- im Süden die 5
- im Südosten die 9
- im Osten die 8
- im Nordosten die 4

Wenn Sie in einem Chi-1-Jahr, sagen wir also 1999, in den Norden (z. B. nach Schweden) reisen, nehmen Sie unwillkürlich die Energie von Chi 6 auf; im Süden (z. B. in Italien) wird dies Chi 5 sein. Wir werden uns später noch genauer damit befassen, welche Folgen das konkret hat. Zunächst aber sollen die Grundprinzipien des räumlichen Persönlichkeits-Feng-Shui deutlich werden.

Um den 4. Februar 2000 endet, „chinesisch" betrachtet, das Jahr 1999, das Chi-1-Jahr. Dann tritt ein anderes magisches Quadrat in Kraft, die Zahlen rücken eine Position weiter. Hier noch einmal zur Erinnerung das Jahresdiagramm für 2000, ein Chi-9-Jahr:

8	4	6
7	9	2
3	5	1

Hier sind die Reiserichtungen für ein Chi-9-Jahr aufgezeigt

Wenn wir nun in den Norden reisen, finden wir dort nicht mehr wie 1999 die vorherrschende Energie Chi 6 vor, sondern Chi 5, im Nordwesten nicht mehr Chi 2, sondern Chi 1, im Westen nicht mehr Chi 3, sondern Chi 2. Das Grundprinzip ist Ihnen nun klargeworden: Die Chi-Zahl in jedem Haus wird jedes Jahr um eins niedriger. Wie man sich denken kann, verändert sich der Charakter einer solchen Nordreise beträchtlich, wenn sie statt von Chi 6 nunmehr Chi 5 bestrahlt wird. Auch die Ereignisse, die im allgemeinen von einer solchen Reise zu erwarten sind, werden ganz anders geartet sein.

Ähnlich verhält es sich mit Umzügen in eine neue Wohnung. Egal, ob Sie Ihren Hauptwohnsitz nur um ein paar Straßen weiter nach Westen verlagern oder ob Sie über den großen Teich nach Amerika auswandern – immer werden Sie von der Energie derjenigen Zahl beeinflußt werden, die zum Zeitpunkt des Umzugs im Westhaus steht. Ihr ganzer Aufenthalt in der neuen Wohnung, egal, ob er nur einen Monat oder zehn Jahre dauert, wird von der betreffenden Energie überschattet – oder „übersonnt" – sein. Allerdings verblaßt die Wirkung dieser Energie im Laufe der Zeit etwas, denn Sie befinden sich dann in einem neuen Lebenszentrum und nehmen daher natürlich vor allem die Energie von Haus Fünf, dem Haus des Zentrums, in sich auf.

Wenn wir sinnvolle Voraussagen über die Chancen und Risiken von Reisen und Umzügen in bestimmte Himmelsrichtungen machen wollen, müssen wir in der Lage sein, diese drei Fragen zu beantworten:

Voraussagen über die Chancen und Risiken von Reisen und Umzügen, die uns in bestimmte Himmelsrichtungen bringen

1. Welche geographischen Regionen sind – von meinem Heimatort aus gerechnet – dem Norden, Nordwesten, Westen usw. zuzuordnen?
2. Was kann es für mich konkret bedeuten, bei einer Reise oder einem Umzug Chi-1-Energie, Chi-2-Energie usw. in mich aufzunehmen?
3. Wie harmoniert die Energie der Himmelsrichtung, in die ich reise, mit meiner persönlichen Chi-Zahl (wenn ich also eine Chi-1-Person, eine Chi-2-Person usw. bin)? Diese Frage wird natürlich mit Blick auf die Fünf-Elemente-Lehre beantwortet werden.

In den folgenden Abschnitten dieses Buches werde ich versuchen, Ihnen darauf Antwort zu geben.

Norden ist nicht gleich Norden – Einführung in die Geomantik des Persönlichkeits-Feng-Shui

Wider Erwarten ist nicht ganz so einfach festzustellen, welche geographischen Regionen im Persönlichkeits-Feng-Shui als „nördlich", „südlich" usw. gelten. Der Kreis umfaßt ein Winkelmaß von 360°. Teilt man diese Zahl durch die acht Himmelsrichtungen, so entfallen auf jede von ihnen rechnerisch 45°. Tatsächlich aber rechnet man im Persönlichkeits-Feng-Shui den vier Haupthimmelsrichtungen (Nord, Süd, Ost, West) je 30°, den Zwischenhimmelsrichtungen (Nordwest, Nordost, Südwest, Südost) dagegen je 60° zu. Die Aufteilung wird in folgender Graphik deutlich:

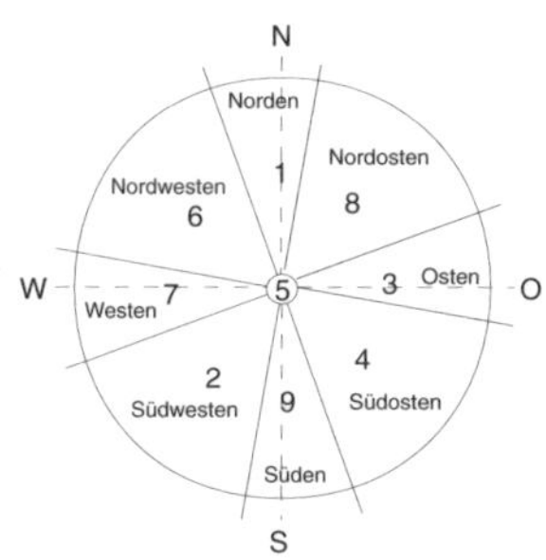

Eine weitere Schwierigkeit kommt hinzu: Die Himmelsrichtungen im Persönlichkeits-Feng-Shui weichen um einige Grade von den uns bekannten Himmelsrichtungen ab. Sie richten sich nicht nach dem geographischen Nordpol, der auf jedem gewöhnlichen Globus oben eingezeichnet ist, sondern nach dem Erdmagnetismus. Diese Verschiebung kann, vor allem wenn größere Distanzen im Spiel sind, zu großen Verwirrungen führen. Man bräuchte einen eigens dafür hergestellten Atlas des

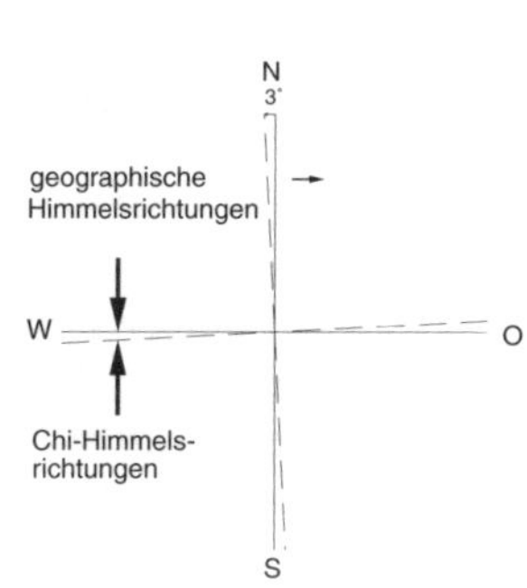

Die Himmelsrichtungen im Persönlichkeits-Feng-Shui richten sich nach dem Erdmagnetismus

Persönlichkeits-Feng-Shui, um die Himmelsrichtungen von jedem beliebigen Punkt der Erdoberfläche aus berechnen zu können. Wenn ich aber davon ausgehe, daß die meisten meiner Leserinnen und Leser von Deutschland, Österreich oder der Schweiz aus verreisen, kann ich einige grobe Richtlinien zur Orientierung angeben: Wir erhalten die korrekten Himmelsrichtungen im Persönlichkeits-Feng-Shui, indem wir die geographische Nord-Süd-Achse um einige Grade gegen den Uhrzeigersinn verschieben. Ausschlaggebend für die Bestimmung dieser Abweichung ist der Ort, an dem Sie stehen. In Wien sind es etwa 2°, in Köln, Saarbrücken und Bern etwa 5°. Etwa in der Mitte dieser deutschsprachigen Zone liegen Innsbruck, München, Bayreuth, Magdeburg und Schwerin mit rund 3,5°. In Hamburg sind es 4°, in Berlin etwa 3°. Die nebenstehend abgebildete Karte Deutschlands (mit Teilen der Schweiz und Österreichs) teilt den mutmaßlichen Wohnraum meiner Leserinnen und Leser in vier grobe Zonen ein. Dabei handelt es sich natürlich nur um ungefähre Angaben, denn die Übergänge zwischen 2° (Wien) und 5° (Köln) sind fließend. Die Abbildung zeigt am Beispiel Leutersdorfs in Thüringen, wie Sie Ihre eigene Landkarte des Persönlichkeits-Feng-Shui, bezogen auf Ihren Heimatort, zeichnen können.

Schritt-für-Schritt-Anleitung zum Zeichnen einer persönlichen Chi-Landkarte:

Besorgen Sie sich eine gut leserliche Mitteleuropa-Karte und machen Sie davon eine handliche Kopie. Die Karte sollte **winkeltreu** sein, das heißt, daß die Rundung der Erde nicht in Form gekrümmter Meridian-Linien abgebildet wird (das ist besonders wichtig, wenn Sie zu Europa- und Weltkarten übergehen.)

Zeichnen Sie auf Ihrer Karte das Kreuz der geographischen Himmelsrichtungen ein. Es wird im Normalfall aus Parallelen zu den Rändern Ihrer Karte bestehen.

Finden Sie nun anhand der gegenüberliegenden Karte heraus, ob Sie sich in einer 2°-, einer 3°-, einer 4°- oder einer 5°-Zone befinden.

Mit dieser Methode können wir jeden beliebigen Punkt der Erde auf den Erdmagnetismus ausrichten

Zeichnen Sie nun ein zweites Kreuz (nunmehr das Kreuz der Himmelsrichtungen nach Persönlichkeits-Feng-Shui) ein, das Sie um die ermittelte Gradzahl gegen den Uhrzeigersinn verschieben. Das Winkelmaß oder Geodreieck aus Ihrem alten Schul-Federmäppchen genügt.

Zeichnen Sie nun mit dem Zirkel einen Kreis um Ihren Heimatort. Tragen Sie in diesen Kreis die acht Sektoren der acht Himmelsrichtungen des Persönlichkeits-Feng-Shui ein. Nord,

Chi-Landkarte von Deutschland (mit Teilen der Schweiz und Österreichs) bezogen auf Leutersdorf/Thüringen

- - - geographische Himmelsrichtung
—— Chi-Himmelsrichtung

Süd, Ost und West entsprechen einem Sektor von 30°, Nordwest, Nordost, Südwest und Südost einem Sektor von 60°. Zeichnen Sie die Grenzlinien zwischen den Sektoren bis zum Rand der Karte weiter, dann können Sie für jeden beliebigen Ort in Mitteleuropa bestimmen, ob er nach den Kriterien von Persönlichkeits-Feng-Shui dem Norden, Süden oder Südwesten zuzuordnen ist. Sollte sich Ihr Ort im Grenzgebiet befinden, rechnen

Südosten 4	Süden 9	Südwesten 2
Osten 3		Westen 7
Nordosten 8	Norden 1	Nordwesten 6

Sie mit Ungenauigkeiten, die sich aus dem groben Raster meiner Karte, aber auch aus Ihren eigenen Zeichenfehlern ergeben haben könnten. Ziehen Sie dann in Erwägung, daß der betreffende Ort vielleicht auch zum Südosten statt zum Süden gehören könnte. Wenn Sie eine weitere Reise planen, wiederholen Sie den Vorgang mit entsprechend größeren Karten (Europa oder Welt). Allerdings summieren sich hier die Möglichkeiten von Fehlern durch Ungenauigkeiten.

Diese Landkarte gehört von nun an zu Ihrem unverzichtbaren Werkzeug bei der Anwendung von Persönlichkeits-Feng-Shui. Nun können Sie alles richtig einordnen, wenn ich im nächsten Abschnitt beschreibe, was es bedeutet, zum Beispiel das Nordhaus mit herrschender Chi-6-Energie zu betreten.

Was erwartet mich, wenn ich den Ort wechsle?

Auch bei einem Ortswechsel setzen wir uns neuen Energien aus, die auf uns förderlich oder hinderlich wirken können

Wenn Sie in den Süden verreisen, werden Sie an Ihrem Urlaubsort diejenige Energie aufnehmen, die im betreffenden Jahr im Südhaus regiert. Eine Reise von München nach Verona im Sommer 2000 wird zum Beispiel zur Folge haben, daß Sie massiv der Energie von Chi 4 ausgesetzt sind. – Was bedeutet das konkret?

Sie haben im Kapitel „Wer bin ich?“ über die neun Chi-Persönlichkeiten (Seiten 34–68) etwas über das Wesen der neun Energien gehört, die die Bausteine des Persönlichkeits-Feng-Shui und nach Auffassung der alten Weisen die Bausteine des Universums sind. Die Energien Chi 1 bis Chi 9 sind Urkräfte, die jede Erscheinung im Kosmos durchdringen: Menschen, Tiere, Pflanzen, Planeten, Gedanken und Gefühle. Im Kapitel „Mit wem kann ich?“ habe ich die konkreten Auswirkungen der neun Chi-Kräfte auf den Charakter der Menschen beschrieben; im Kapitel „Was bringt mir die Zukunft?“ ging es darum, wie diese Chi-Kräfte den Verlauf von Zeitabschnitten im Hinblick auf menschliches Schicksal prägen (die „Häuser“).

Ein Beispiel: Wenn Chi 3 in der menschlichen Persönlichkeit wirksam ist, so entsteht daraus ein impulsiver, vorwärtsstürmender, emotional etwas instabiler Charakter. Wenn Chi 3 in einem bestimmten Zeitabschnitt (Haus Drei) wirksam ist, dann ergibt sich daraus eine Zeit der abrupten, manchmal etwas übereilten Durchbrüche. In beiden Fällen deutet Chi 3 auf plötzliche explosive, unkontrollierte Energieentladung hin. Chi 3 ist noch viel mehr: Es ist das plötzlich aufkommende Gewitter nach drückender Schwüle, das platzende Aufbrechen einer Knospe im Frühling, die Explosion einer fernen Sonne in unserer Galaxie oder die Explosion des Genius in Gestalt der kraftstrotzenden Skulpturen Michelangelos. Wer einmal das Grundprinzip, den Archetypus hinter den mannigfachen Phänomenen der Erscheinungswelt erfaßt hat, der wird dieses Prinzip überall in der Natur und in der menschlichen Seele wiederfinden. Wenn viel Erfahrung und lange gedankliche Meditation hinzukommen, werden Sie sich so etwas wie einen „Persönlichkeits-Feng-Shui-Blick" aneignen und auf meine Tabellen, Beschreibungen und weisen Bemerkungen kaum mehr angewiesen sein. Ich hätte dann mein Ziel, dem mündigen Leser als Wegweiser zu dienen, bestens verwirklicht.

Diese Übersicht wird Ihnen helfen, die für Sie jeweils günstigste Richtung einzuschlagen

Wie aber, so lautet die Frage in diesem Kapitel, wirkt sich die Energie von Chi 3 beispielsweise bei einer Reise aus, die mich im Jahr 1999 in den Westen führt (sagen wir zum Beispiel von München nach Paris)? Es ist wahrscheinlich, daß sich auch hier plötzliche, abrupte und übereilte, vielleicht auch explosive Dinge ereignen. Es kann zu Durchbrüchen (z. B. bei geschäftlichen Verhandlungen auf Dienstreisen) kommen; ebensogut aber auch zu Ausbrüchen (z. B. von zuvor schwelenden Krankheiten); oder zur explosionsartigen Entladung sexueller Gefühle (z. B. ein heftiger Reiseflirt). Das Schlimmste, was zu erwarten ist, wäre eine Verwicklung in Einbrüche (wenn z. B. Ihr Auto aufgebrochen wird) oder Ihr Ableben bei einem Bombenattentat. Doch solche Ereignisse sind wenig wahrscheinlich und in der Regel nur Ergebnis von Gedanken- und Wortspielereien, die sich an das Wesen von Chi 3 knüpfen. Ich möchte mich bei der Präsentation meiner folgenden kleinen Liste an den Normalfall halten, an das, was nach Berücksichtigung meiner Kenntnisse über die neun kosmischen Kräfte **realistischerweise** zu erwarten ist.

Chi 1

Wenn an Ihrem Reiseziel Chi 1 regiert, dann ist zu erwarten:

- Erfolg geheimer Aktivitäten (z. B. bei beruflichen Geheimverhandlungen)
- Romantische, aber vielleicht auch etwas melancholische, unglückliche Liebesaffären
- Schaden durch Unaufrichtigkeit, Täuschung, Geheimnistuerei (Sie werden z. B. am Urlaubsort Opfer von Betrug, Nepp, ...)
- Falls Krankheiten auftreten: schleichende Erkrankungen, die sich zunächst noch im verborgenen entwickeln

- Gemütsstimmung, die von Traurigkeit, Melancholie und Ängstlichkeit bestimmt wird
- Stiller, meditativer Urlaub mit wenig Kontakt zu anderen Menschen

Chi 2

Wenn an Ihrem Reiseziel Chi 2 regiert, dann ist zu erwarten:

- Fruchtbarkeit, die Zeugung eines Kindes – oder die geistige Zeugung von Gedanken und Plänen
- Harmonie im vertrauten Familienkreis oder im eingespielten Team
- Das Gefühl, daß am Urlaubsort Dinge mit Ihnen geschehen, die Sie nicht beeinflussen können (z. B. allgegenwärtiger, bevormundender Reiseveranstalter)
- Geborgenheit und Absicherung in allen Lebenslagen (z. B. wenn Sie wegen eines Stellenwechsels umziehen)
- Zurückweisung und scheinbar unverdiente Ablehnung durch Reisebekanntschaften
- Träger, etwas behäbiger Urlaubsverlauf, ohne spektakuläre Ereignisse und häufige Ortswechsel

Chi 3

Wenn an Ihrem Reiseziel Chi 3 regiert, dann ist zu erwarten:

- Plötzliche, abrupte, unvorhergesehene Ereignisse, die alle Pläne durcheinanderwirbeln
- Heftige Urlaubsflirts mit explosiver Gefühlsentwicklung, häufig mit stark sexuellem Charakter
- Schnelle Entwicklung in eine positive, eventuell aber auch negative Richtung
- Lebhafte, nervöse Gemütsstimmung mit häufigen extremen Stimmungswechseln
- Unfälle oder Verstöße gegen die landesüblichen Benimmregeln durch Unachtsamkeit und übereiltes Verhalten
- Streit durch impulsives Gebaren am neuen Wohnort oder Urlaubsort

Chi 4

Wenn an Ihrem Reiseziel Chi 4 regiert, dann ist zu erwarten:

- Allgemein ist dies **die** Reiseenergie, die in die Ferne und zu neuen Ufern lockt. Eine Ortsveränderung ist im allgemeinen positiv bestrahlt und kann frischen Wind in eingefahrene Lebenssituationen bringen

- Eine Reise mit vielen neuen, jedoch eher flüchtigen Begegnungen
- Eine Fülle neuer Eindrücke, fast mehr als man verarbeiten kann
- Allmähliche, sanfte Veränderung der Situation zum Besseren oder Schlechteren nach dem Prinzip „Steter Tropfen höhlt den Stein“ (z. B. bei Wohnungswechsel aufgrund einer neuen Arbeitsstelle)
- Sie fühlen sich neugierig, meist heiter, für vieles aufgeschlossen
- Harmonie innerhalb der Reisegruppen und mit den Menschen des Gastlandes, weil Sie Verständnis und Toleranz für alle aufbringen

Chi 5

Wenn an Ihrem Reiseziel Chi 5 regiert, dann ist zu erwarten:

- Chi 5 gilt allgemein als Unglücksenergie, zumindest was Reisen in Gegenden betrifft, in denen Chi 5 regiert. Es gibt in den älteren Quellen keine Empfehlung dafür, wann es günstig ist, einen Ortswechsel in ein Chi-5-Haus vorzunehmen. Dies gilt als **grundsätzlich** negativ. Beobachtungen an einer Reihe konkreter Fälle bestätigen diese Tendenz leider. Andererseits ist mir kein Fall bekannt, wo jemandem durch den Aufenthalt in einem von Chi 5 regierten Haus der Kopf abgerissen wurde. Meist tritt Unglück durch Chi 5 weit subtiler hervor:
- Verluste von Kraft und Nerven, oft auch finanzielle Verluste
- Ihre schon vorhandenen negativen Eigenschaften treten besonders deutlich zutage. Sie werden mit Ihrem Schatten konfrontiert und verstoßen gegen Ihre eigene Werteordnung
- Ereignisse sind durch extremes Auf und Ab gekennzeichnet. Nach Tiefschlägen stehen Sie zwar mitunter schnell wieder auf; dies schützt Sie aber nicht davor, bald aufs neue zu hinzufallen
- Sie erwarten von der Welt und den Menschen Schlechtes, und oft widerfährt Ihnen dann genau dies
- Sie geraten durch Ihre trotzige Anti-Haltung in Konflikt mit der Ordnung der Dinge im Universum und dem menschlichen Gesetz

Chi 6

Wenn an Ihrem Reiseziel Chi 6 regiert, dann ist zu erwarten:

- Sie fühlen sich mutig, kraftstrotzend und selbstbewußt, sind mit sich im reinen
- Sie gewinnen Macht und Einfluß über Ihre Umgebung (Familie, Reisegruppe, Kollegenkreis) oder verlieren bei einem Machtkampf
- Sie haben das Gefühl einer ganz und gar erfüllten, befriedigenden Urlaubsreise, ein wahrer Höhepunkt im Jahreslauf
- Sie geraten in Konflikt mit Respektspersonen. Ihr Anspruch, Ihr eigener Herr zu sein und nach Ihren eigenen Vorstellungen zu leben, stößt an Grenzen
- Sie haben in irgendeiner Form unverhofftes Glück oder kommen zu Geld
- Durch Ihre Initiative und unter Ihrer Anleitung entwickeln sich gewisse Projekte und Unternehmungen prächtig

Chi 7

Wenn an Ihrem Reiseziel Chi 7 regiert, dann ist zu erwarten:

- Sie können in Gesellschaft glänzen oder sich bei Ihren Mitmenschen gut „verkaufen"
- Heitere, gelöste Grundstimmung während einer Reise. Sie können Sorgen und Probleme zu Hause lassen, grübeln nicht mehr darüber nach und fühlen sich wie befreit
- Sie gehen verschwenderisch mit Geld und Eigentum um, verhalten sich leichtsinnig und fühlen sich gut dabei. Die Folgen kommen Ihnen erst spät zu Bewußtsein
- Es gelingt Ihnen, mit Charme und Überredungskunst für Ihre Interessen einzutreten. Oder Sie lassen sich von einem Meister der Rhetorik etwas aufschwatzen, werden hintergangen (z. B. von einem Händler am Urlaubsort)
- Sie verlieren am Arbeitsplatz oder innerhalb einer Gemeinschaft an Glaubwürdigkeit, weil Sie dazu neigen, leere Versprechungen oder viel Lärm um nichts zu machen
- Sie sind von einem unbändigen, fast kindlichen Spieltrieb erfaßt und werden sich und anderen im Urlaub viel Spaß damit bereiten. Wo Ernsthaftigkeit gefragt ist, könnten Sie dagegen von vornherein verspielt haben

Chi 8

Wenn an Ihrem Reiseziel Chi 8 regiert, dann ist zu erwarten:

- Ein ruhiger, wenig spektakulärer „Routineurlaub“. Sie pflegen Ihre Gewohnheiten, halten sich an Vertrautes und fühlen sich wohl dabei
- Sie leben bescheiden und halten Ihre Besitztümer beisammen. Die wirtschaftlichen Verhältnisse werden somit immer auf einer soliden Grundlage ruhen
- Sie kommen zur Besinnung, atmen innerlich tief durch und haben endlich Zeit, sich mit Dingen zu beschäftigen, die in der Hektik des Arbeitsalltags zu kurz kommen
- Im Familienkreis oder in der Reisegruppe schaffen Sie eine friedliche, ruhige Atmosphäre um sich. Sie erlauben sich keine Ausrutscher, entfachen aber auch keine Begeisterungsstürme
- Sie sind sehr mit sich und Ihren eigenen Gedanken beschäftigt, so daß Sie es nicht gut schaffen, neue Eindrücke an sich heranzulassen
- Sie können sich nur langsam für Ihre neue Umgebung erwärmen und fühlen sich durch die Veränderung des Gewohnten zunächst unbehaglich. Im Laufe der Zeit, allerdings nur sehr langsam, legt sich dieses Gefühl, und die neuen Lebensbedingungen wachsen Ihnen ans Herz

Chi 9

Wenn an Ihrem Urlaubsziel Chi 9 regiert, dann ist zu erwarten:

- Ihr Forschergeist ist geweckt, und Sie begeben sich voll Neugier auf Entdeckungsreise. Ihre Hauptmotivation besteht darin, das Neue und Fremde zu begreifen
- Sie können die Eindrücke in der neuen Umgebung gut mit Ihrem Verstand verarbeiten; das unmittelbare Erleben bleibt dabei vielleicht ein wenig auf der Strecke (z. B. in einem trokkenen Bildungsurlaub)
- Durch den Ortswechsel wird Ihnen eine bisher verborgene Wahrheit über sich selbst oder andere Menschen bewußt. Sollten Sie in der Vergangenheit jemanden hintergangen haben, könnte dies jetzt ans Tageslicht kommen
- Sie fühlen sich erregt, brennend vor Neugier, vielleicht auch etwas ungeduldig. Routine und Stagnation können Sie nicht gut ertragen
- Sie haben einen lebhaften Blick für die positive Seite der Dinge, die Sie nun entdecken dürfen. Sie können sich zwar recht spöttisch geben, wenn etwas nicht so gut klappt, lassen sich von negativen Gedanken jedoch nie lange vereinnahmen

- Etwas Dunkles, Unangenehmes, von dem Sie dachten, daß es nichts mit Ihnen zu tun hat und daß Sie es nicht verdient haben, kommt unversehens von außen auf Sie zu. Dies vielleicht trotz präziser Planung der Reiseroute

Bitte beachten Sie bei der Beschreibung möglicher Ereignisse an Ihrem neuen Aufenthaltsort, daß manches davon eher auf die Situation Reise, manches dagegen eher auf einen Umzug paßt. In beiden Situationen ist es wichtig zu erfahren, welche Energie zum Zeitpunkt des Ortswechsels im Haus der betreffenden Himmelsrichtung herrscht. Sie können die Aussagen für eine Reise unschwer auch auf die Situation Umzug übertragen, indem Sie an einigen Stellen ein paar Gedanken modifizieren.

Planung von Ortswechseln aufgrund der Fünf-Elemente-Lehre

Außerdem können Sie mit einer 5-Elemente-Analyse vieles über mögliche Urlaubserfahrungen herausfinden

Natürlich können Sie auf die gewohnte Weise mit Hilfe der Fünf-Elemente-Lehre herausfinden, ob die Chi-Kraft Ihres Urlaubsortes mit Ihrer persönlichen Chi-Kraft harmoniert.

Ein Beispiel

- *Ihre Chi-Kraft (auf Ihr Geburtsjahr, nicht den Geburtsmonat bezogen) ist die 2. An Ihrem Urlaubsort in Italien regiert im Jahr 2001 die Chi-Kraft 4 (4 im Südhaus).*
- *Chi 2 ist Erde*
- *Chi 4 ist Holz*
- *Holz kontrolliert Erde; Erde verletzt Holz*
  ***Interpretation:** Der Urlaubsort Italien dürfte Sie bei der Entfaltung Ihrer typischen Persönlichkeitsmerkmale behindern. Sie sind z. B. als Chi 2 eine treue Seele, die im Familienkreis eine harmonische Atmosphäre der Geborgenheit herzustellen versucht und auch viel Energie in die materielle und emotionale Versorgung ihrer Lieben investiert. Die bunten, beständig wechselnden Eindrücke in Italien verwirren Sie vielleicht. Sie können so viel Neues nicht verkraften und fühlen sich vermutlich unbehaglich. Lieber machen Sie nur **eine** Sache – aber die richtig. Die unruhige, flexible Energie von Chi 4 treibt Sie jedoch in immer neue, unvorhersehbare Situationen.*
  ***Fazit:** Keine günstige Urlaubskonstellation.*

Sie können nun versuchen, anhand der wenigen Grundregeln, die Sie kennen, die Beziehung zwischen Ihnen und Ihrem neuen Aufenthaltsort zu untersuchen. Generell gilt als **günstig**, wenn Sie sich einer Chi-Kraft aussetzen, die Ihre persönliche Chi-Kraft

Einige wichtige Grundregeln für die Beziehung zwischen Ihnen und Ihrem Urlaubsort

- füttert
- erschöpft
- ergänzt oder
- spiegelt

(ausgenommen Reisen in ein von Chi 5 „kontaminiertes" Gebiet)

Als **ungünstig** gilt dagegen der Einfluß einer Chi-Kraft, die Ihre

- persönliche Chi-Kraft
- kontrolliert oder
- verletzt, außerdem:
- Reisen in Chi-5-Gebiete

Natürlich können Sie die Analyse auch noch genauer vornehmen, indem Sie sich erinnern, was die Begriffe „füttern", „erschöpfen", „kontrollieren" usw. genau bedeuten. Wenn Sie die bisherigen Kapitel sorgfältig gelesen und nachvollzogen haben, dürfte Ihnen das keine Schwierigkeit bereiten.

Vergessen Sie aber nie, die ganz eigene Färbung zu berücksichtigen, die eine Chi-Kraft Ihrem Reisevorhaben zu geben vermag. Eine Reise in ein Chi-5-Gebiet verläuft ganz anders als ein Trip in eine von Chi 8 regierte Zone, obwohl beide dem Element Erde zuzurechnen sind.

Wie richte ich meine Wohnung ein?

Die Anwendung von Persönlichkeits-Feng-Shui in kleineren räumlichen Einheiten

Welcher Raum ist der für mich günstigste in meiner alten oder neuen Wohnung?

Wir bleiben in diesem Kapitel noch ein wenig beim Persönlichkeits-Feng-Shui des Raumes. Bisher haben wir die energetische Wirkung untersucht, der wir bei bedeutenderen Ortswechseln ausgesetzt sind, zum Beispiel bei Umzügen oder Urlaubsreisen. Wie verhält es sich aber bei kleinen Bewegungen im Alltag? Muß ich bei jedem Schritt innerhalb meiner Wohnung aufpassen, ob ich nach Osten oder Westen gehe, damit mir nicht möglicherweise beim Durchschreiten von Haus Fünf Unheil droht?

Natürlich nicht! Solche kleinlichen Anweisungen sind im Persönlichkeits-Feng-Shui nicht vorgesehen, und Sie können die Wirkung der neun Chi-Kräfte bei kleineren Bewegungen in Zimmern, auf der Straße oder innerhalb Ihres Heimatortes getrost vernachlässigen.

Es existiert allerdings ein ausgefeiltes System, das die Lehre vom magischen Quadrat und den neun kosmischen Kräften auf die räumliche Aufteilung jedes Hauses, jeder Wohnung oder jedes Zimmers anwendet. Dieses System stammt aus dem *Feng Shui*, und das magische Quadrat heißt dort auch *Pa Kua* (oder *Bagua*), was übersetzt so viel bedeutet wie „der Körper des Drachens". Wer sich schon einmal mit *Feng Shui* beschäftigt hat, wird die Übereinstimmung des *Pa Kua* mit dem Quadrat des Persönlichkeits-Feng-Shui bereits bemerkt haben. Da es Ihnen und mir hier aber nicht um *Feng Shui* im herkömmlichen Sinne, sondern eben um Persönlichkeits-Feng-Shui geht, beschränke ich mich hier auf einen einzigen wichtigen Aspekt, der beiden chinesischen Weisheitssystemen gemeinsam ist. Es geht darum, wie die neun Chi-Kräfte mit den Ihnen bereits bekannten Eigenschaften innerhalb geschlossener Wohnbereiche wirksam sind.

Nehmen wir an, Sie verfügen wie sehr viele Menschen, über eine Wohnung mit rechteckigem Grundriß. Am leichtesten können Sie dies nachvollziehen, wenn Sie jetzt tatsächlich eine Grundrißskizze zu Hand nehmen, die Sie vielleicht bei Ihrem Einzug erhalten haben. Sie können nun dieses Rechteck in neun Zonen entsprechend den neun Chi-Kräften des magischen Quadrats einteilen. Jedes der neun kleinen Quadrate sollte gleich groß sein. Teilen Sie also die äußeren Begrenzungslinien Ihrer Wohnung in je drei gleich lange Strecken ein. Wenn Ihr Grundriß wie anzunehmen nicht exakt quadratisch ist, können Sie das magische Quadrat einfach ein bißchen auseinanderziehen bzw. zusammendrücken. Immer aber müssen die Proportionen stimmen, d.h. die kleinen Quadrate müssen gleich groß sein.

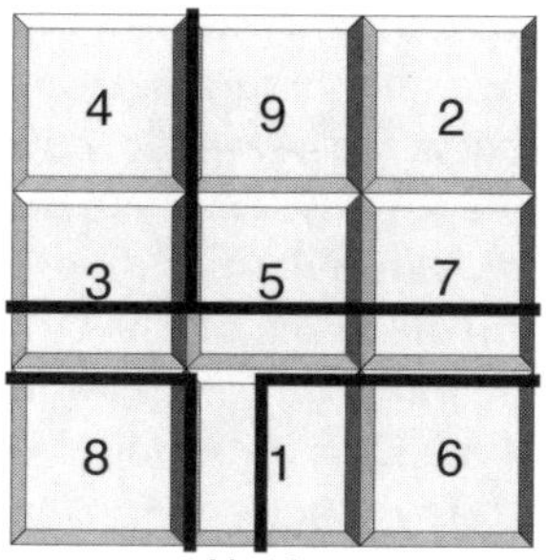

Norden

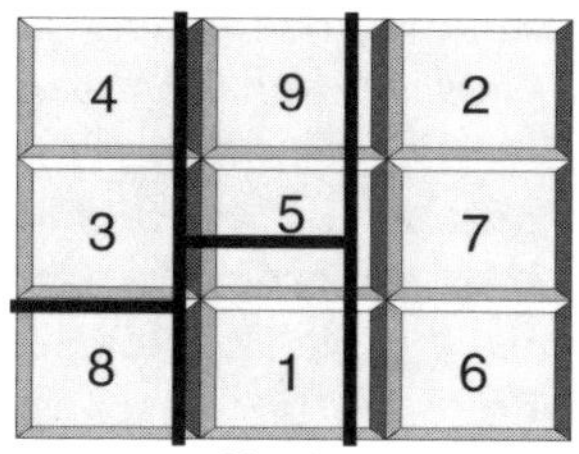

Norden

Norden

Wo aber befindet sich auf diesem Grundriß Chi 1 (der Norden), und welches ist die Lage der übrigen Chi-Kräfte innerhalb Ihrer Wohnung? Die Antwort auf diese Frage ist manchmal nicht ganz leicht zu finden. Natürlich soll Chi 1 (der Norden) im Idealfall mit dem tatsächlichen Norden übereinstimmen. Daraus ergeben sich jedoch eine Reihe von Schwierigkeiten:

- Vielleicht wissen Sie nicht so genau, wo in Ihrer Wohnung der Norden ist. Grundrißskizzen, die Sie von Ihrem Architekten oder Vermieter bekommen haben, müßten die Himmelsrichtungen genau aufweisen. Wenn Sie über eine solche Skizze nicht verfügen, könnten Sie auch Nachbarn oder Hausmeister fragen, den Kompaß oder die Karte zur Hand nehmen.
- Der Norden im Persönlichkeits-Feng-Shui weicht vom geographischen Norden bekanntlich um ein paar Grade ab. Wie viele es an Ihrem Heimatort sind, können Sie aus der Karte auf Seite 127 entnehmen bzw. selbst errechnen.
- Nicht jede Wohnung ist genau nach den vier Himmelsrichtungen ausgerichtet. Es kann sein, daß die Achse zwischen Chi 1 und Chi 9, die das Quadrat in der Mitte durchschneidet, gegenüber der Nord-Süd-Achse verschoben ist.

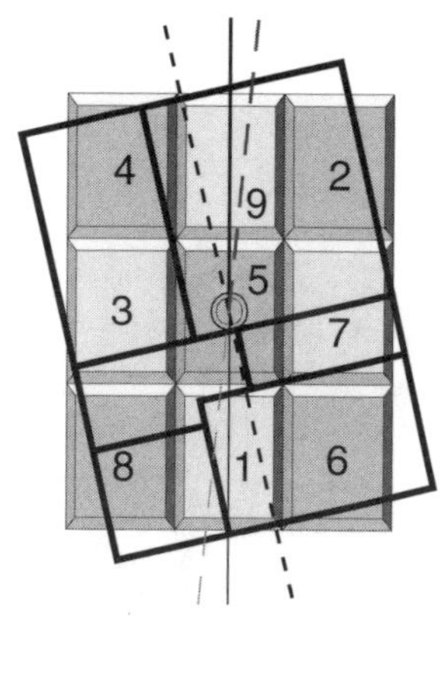

Verwirrenderweise sind zur Lösung dieses Problems in der Literatur zu Persönlichkeits-Feng-Shui und *Feng Shui* mindestens drei verschiedene Lösungen gefunden worden. Ich möchte alle drei zunächst erwähnen, um dann zu begründen, warum ich für die praktische Arbeit mit Persönlichkeits-Feng-Shui nur eine davon empfehlen kann.

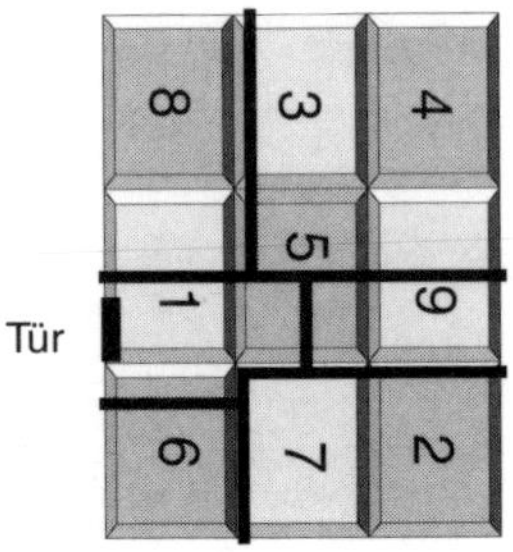

1. Manche *Feng-Shui*-Ratgeber bringen die Grundlinie des magischen Quadrats (also die Linie unter den Häusern Acht, Eins und Sechs) automatisch mit jener Wand Ihrer Wohnung in Deckung, in der sich die Eingangstür befindet. Dies erleichtert die Arbeit natürlich sehr; das Problem ist aber: Wenn in Ihrer Wohnung der Eingang im Westen ist, müßten Sie auch Haus Eins (den Norden) in den Westen verlegen. Haus Neun (der Süden) läge dann im Osten usw. Ich bezweifle, daß die auf einer solchen Grundlage erstellten Analysen zu einem sinnvollen Ergebnis führen. Wenn die Himmelsrichtungen, wie wir gesehen haben, wichtig sind, um die Wirksamkeit von Chi-Kräften an Ihrem Urlaubsort zu bestimmen, dann kann es nicht völlig gleichgültig sein, ob Haus Eins innerhalb Ihres Wohnungsgrundrisses mit dem tatsächlichen Norden übereinstimmt.

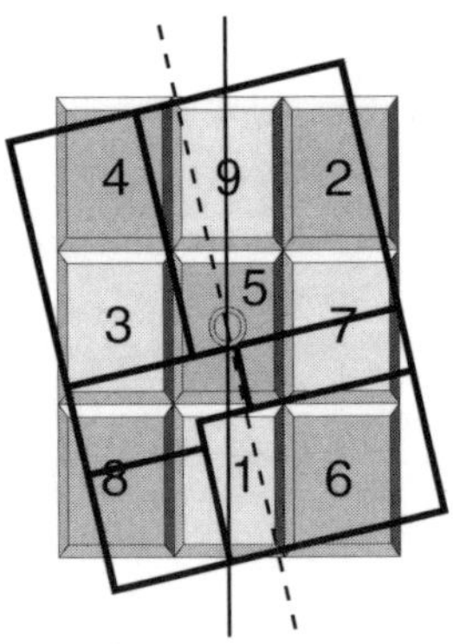

2. Sie könnten ein magisches Quadrat, das nach den tatsächlichen Himmelsrichtungen des Persönlichkeits-Feng-Shui ausgerichtet ist, über Ihren (nicht exakt mit den Himmelsrichtungen übereinstimmenden) Wohnungsgrundriß zeichnen. Es ergäbe sich dadurch ein zunächst etwas verwirrendes Netz von Linien und Flächen. Ein Teil der Wohnung würde über das magische Quadrat hinausragen, während es auf der anderen Seite in der Wohnung Ecken gäbe, die nicht mehr Teil des Quadrats sind. Wie wir noch sehen werden, ist es aber für die Analyse von Wohnungssituationen sehr wichtig, ob eines der neun Häuser vollständig oder nur teilweise durch den entsprechenden Teil des Wohngrundrisses abgedeckt wird.

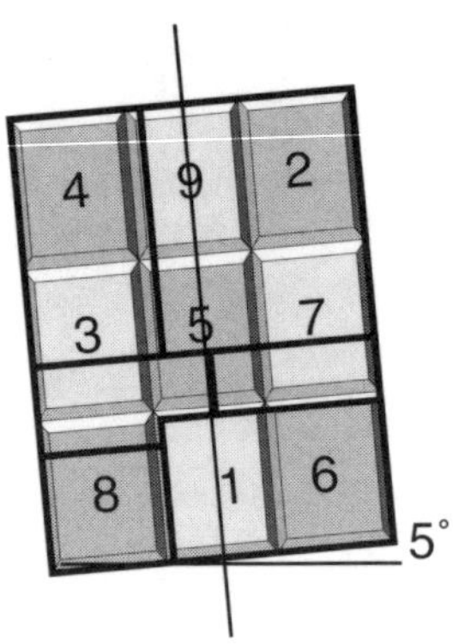

3. Als Alternative könnten Sie Haus Eins (den Norden) in die Mitte jener Grundfläche Ihrer Wohnung verlegen, die **am ehesten** mit dem tatsächlichen Norden entsprechend den Himmelsrichtungen des Persönlichkeits-Feng-Shui übereinstimmt. Dies ermöglicht es Ihnen, das magische Quadrat genau in den Wohnungsgrundriß einzupassen.

Bei **geringen** Gradabweichungen der Nord-Süd-Achse im magischen Quadrat von der Nord-Süd-Achse Ihrer Wohnung können Sie bedenkenlos nach **Punkt 3** vorgehen. Verlegen Sie Haus Eins dorthin, wo am ehesten Norden zu finden ist. Bei größeren Abweichungen von mehr als etwa 10° ist eine solch leichtfertige Vorgehensweise allerdings nicht mehr zu empfehlen. Wählen Sie dann besser die Lösung nach **Punkt 2**. Zeichnen Sie ein Quadrat oder Rechteck in der Größe Ihres Wohnungsgrundrisses und verschieben Sie es um so viele Grade, wie es die Abweichung von den Himmelsrichtungen des Persönlichkeits-Feng-Shui in Ihrem Fall verlangt. Achten Sie dabei darauf, daß die geometrische Mitte des Wohnungsgrundrisses mit der geometrischen Mitte des magischen Quadrats identisch ist. Achten Sie darauf, daß **jede** Ecke Ihrer Wohnung einem der neun kleinen Quadrate (Häuser) zugeordnet wird. Zu diesem Zweck verlängern Sie die Häuser notfalls über den Rand des magischen Quadrats hinaus (siehe nebenstehende Zeichnung. Sie erhalten nun einige übermäßig große (Haus Eins, Haus Neun) und einige erheblich geschrumpfte (Haus Acht, Haus Zwei) Häuser innerhalb des Quadrates. Dieser **äußerlichen** Vergrößerung bzw. Verkleinerung der Häuser und der mit ihnen verbundenen Energien entsprechen natürlich auch Vorgänge auf **geistiger** Ebene, die ich in einem der folgenden Abschnitte noch näher beschreiben will.

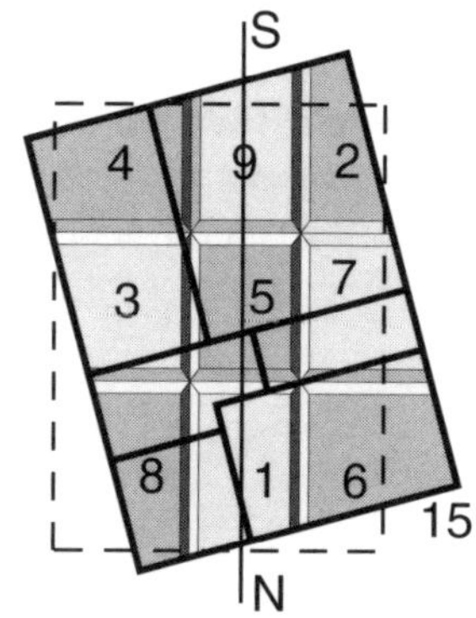

Die Bedeutung der neun Häuser innerhalb einer Wohnung

Durch den letzten Abschnitt dieses Kapitels sollten Sie in der Lage sein, Ihren persönlichen Wohnungsgrundriß gemäß Persönlichkeits-Feng-Shui in neun (vielleicht verschieden große) Zonen einzuteilen. Es stellt sich nun die Frage, welche Bedeutung den neun Zonen für Ihr praktisches Leben zukommt und welche Schlußfolgerungen daraus für Ihr Wohnverhalten zu ziehen sind.

Selbstverständlich herrscht in Haus Eins stets die Energie Chi 1, und die bleibt in ihrem Wesen immer gleich, egal ob sie in einem menschlichen Charakter, einem Jahr, einem Monat, einer geographischen Zone oder einem Abschnitt Ihrer Wohnung wirksam ist. Unterschiedlich sind nur die Formen, die die jeweilige Energie annimmt, wenn sie sich in verschiedenen Bereichen ausdrückt. Chi 8 als Menschentyp wird die Eigenschaften Langsam und Beharrlich aufweisen; Chi 8 als prägende Energie eines Jahres wird den Eindruck von Stagnation erwecken, aber auch die Konzentration auf das Wesentliche fördern; Chi 8 im Liebesleben eines Menschen könnte bedeuten: fängt langsam Feuer, bleibt dann aber für immer beider Stange; Chi 8 als Re-

Es gibt in jeder Wohnung Räume, in denen wir uns nicht wohlfühlen, in anderen dagegen fühlen wir uns ganz und gar zu Hause – das hat seinen Grund

ligionsausübung entspricht am ehesten dem meditativen oder Mönchsleben; Chi 8 als Urlaubsform könnte etwas behäbig, spießig und routiniert ablaufen; Chi 8 als Tier könnte eine Schildkröte sein; Chi 8 als Pflanze ein alter, starrer, fest verwurzelter Eichbaum; und Chi 8 als Landschaftsform – natürlich –: der Berg.

Zusammenhänge dieser Art, die Verbindungen zwischen Dingen und Lebewesen auf verschiedenen Wirklichkeitsebenen herstellen, nennt man **Analogien**. Ich habe eben versucht, eine kleine Analogiekette zum Urprinzip Chi 8 zu entwerfen. Zwei weitere, sehr bekannte Analogieketten sind die zu *Yin* und *Yang* (Siehe Seite 9–10).

Was könnte nun Chi 8, bezogen auf einen Ausschnitt meiner Wohnung, bedeuten? Womit muß ich rechnen, wenn sich mein Schreibtisch in jenem Teil eines nordöstlichen Eckzimmers befindet, in dem die Energie Chi 8 herrscht?

Besonders im *Feng Shui* haben sich zu den neun Chi-Kräften neun Analogien eingebürgert, die das Wirken dieser Energien auf dem kleineren Tummelplatz einer menschlichen Wohnung beschreiben. Diese Energien sind folgende:

Wohnungs-Chi-1: Schicksal, Verwirklichung, Wachstum, Karriere

Chi 1 ist das Latente, Versteckte, im verborgenen Wirksame. Verborgen und doch mächtig ist das menschliche **Schicksal**. Es ist im Geburtsmoment schon in der Keimform (Latenz) vorhanden, um sich dann, im Laufe des Lebens nach und nach zu entfalten. Dieser Prozeß der Entfaltung, der mit der **Verwirklichung** des zuvor nur **Möglichen** einhergeht, sollte im Idealfall eine aufwärts gerichtete Entwicklung beschreiben – ein inneres Wachstum des Menschen, der seiner durch das Schicksal vorgeprägten Bestimmung entgegengeht. Haus Eins ist also das Haus des **Persönlichkeitswachstums**, der aufwärts (oder im Fall des Scheiterns auch abwärts) gerichteten **Entwicklung** mit dem Sinn der Entfaltung schicksalsgegebener Potentiale. Haus Eins ist somit auch das Haus dessen, was man gemeinhin **Karriere** nennt. Gemeint ist allerdings in einem tieferen Sinn nicht nur die berufliche, sondern vor allem die innere, spirituelle Karriere.

Wohnungs-Chi-2: soziale Kraft, Kontakt, Partnerschaft, Liebe und Ehe

Chi 2 ist jene **soziale Kraft**, die menschliche Gemeinschaft erst möglich macht; es symbolisiert das Opfer des egoistischen Triebimpulses aufgrund von Einfühlung in die möglichen Bedürfnisse anderer Personen. Es ist das, was den Menschen im Grund erst zum Menschen macht: die Fähigkeit, von sich selbst abzusehen. Chi 2 ermöglicht den **Kontakt** zum Du, also alles, was man im weitesten Sinne als **Partnerschaft** bezeichnen könnte. Natürlich fallen hierunter auch die sexuelle Vereinigung, die **Liebe** und die **Ehe**.

Wohnungs-Chi-3: Gemeinschaft, gemeinsamer Lebenslauf, Ursprungsfamilie

Chi 3 repräsentiert innerhalb des gedachten, **gemeinsamen Lebenslaufs** aller Chi-Kräfte (siehe Seite 10) die Phase der Kindheit. Ein Kind wirkt zwar ungewollt unsozial, weil es seinen rasch wechselnden Emotionen auf recht ungehemmte und oft explosive Weise Ausdruck verleiht; es ist aber um so mehr angewiesen auf das Aufgehobensein innerhalb einer größeren **Gemeinschaft**, die es trägt, und die für seine noch richtungslos-spontanen Aktionen ein Korrektiv darstellt. Haus Drei ist somit der **Ursprungsfamilie** (Eltern und Geschwister), der Sippe oder auch der größeren Volksgruppe zugeordnet. Im Gegensatz zu Chi 2, das das freiwillige Opfer des Ego zugunsten des Du symbolisiert, ist Chi 3 die notwendige – auch unfreiwillige – Eindämmung ungelenkter Energie durch eine größere wohlmeinende, jedoch kontrollierende Gemeinschaft.

Wohnungs-Chi-4: Nahrung, Geld, Besitz

Chi 4 symbolisiert das tastende, oft etwas flüchtige **Suchen** nach Gegenständen, die in irgendeiner Form der Energiegewinnung für den heranwachsenden Menschen dienen könnten. Es kann dies die Suche nach **Nahrung** sein, die sich ein Kind einverleibt, die Suche nach Erfahrungen, die der Seele Nahrung geben, oder auch – in späteren Jahren – die Suche nach **Geld**, nach Geldbesitz (Geld ist auch ein materieller Ausdruck des immateriellen Prinzips Energie). Das Grundprinzip bei all diesen Vorgängen ist: suchen, sich aneignen, Nahrung daraus gewinnen. Die Analogie zu Haus Vier ist also **Besitz**, womit aber eher ein Prozeß flüchtiger, stets von Verlust bedrohter Aneignung gemeint ist. Es ist eine Form geistiger oder materieller Nahrung, deren Sättigungseffekt rasch schwindet und erneutem Hunger weicht. Den Gegensatz dazu bildet der bleibende, langfristige Wissensbesitz von Chi 8. Damit ist jedoch keine moralisierende Wertung verbunden, denn das Bleibende und das Flüchtige sind nichts anderes als polare, einander ergänzende Aspekte des Göttlichen.

Wohnungs-Chi-5: Das Schöpferische und Zerstörerische, Geburt und Tod

Chi 5 ist das **Schöpferische** und das **Zerstörerische** zugleich. Es ist der Abgrund, der Strudel, in den man hinabgezogen werden kann; es ist aber auch der Brunnen, aus dem man Wasser schöpft, der Schoß, aus dem neues Leben hervorgehen kann. Chi 5 symbolisiert die Einheit der Gegensätze, Alpha und

Omega, auf das menschliche Leben bezogen: die **Geburt** und den **Tod**. Es kann sich jedoch auch im übertragenen Sinn um die Geburt von Ideen oder den Tod von Hoffnungen, um Anfang und Ende von Lebensabschnitten handeln.

Wohnungs-Chi-6: Beziehungs-Energie, Ego, Zweckgemeinschaften, Bekanntschaften, Freundschaften

Chi 6 ist wie Chi 2 eine **Beziehungs**-Energie. Allerdings stellen sich menschliche Kontakte hier etwas anders dar, denn wir dürfen nicht vergessen, daß Chi 6 die Reinform von ***Yang*-Energie** (männlicher Energie) repräsentiert, während Chi 2 absolut *Yin* (weiblich) ist. Folgerichtig ist es keinesfalls Aufgabe von Chi 6, das Ego zurückzustellen, es dem Partner zu opfern oder sich in liebender Hingabe aufzulösen. Das genaue Gegenteil ist richtig: Chi 6 stärkt das **Ego**, fördert den Ausdruck, die Selbstdarstellung, die Entfaltung der Persönlichkeit im Umgang mit anderen Menschen. Beziehungen, in denen diese Faktoren im Vordergrund stehen, kann man allerdings nicht Liebe nennen. Vielmehr handelte es sich um **Zweckgemeinschaften**, **kollegiale Beziehungen**, nutzbringende **Bekanntschaften** oder bestenfalls fördernde **Freundschaften**.

Wohnungs-Chi-7: Energiefluß, Reichtum, Kinder

Chi 7 repräsentiert die **Weitergabe von Energie** – in ähnlicher Weise wie Chi 4 das Gewinnen und Einsammeln von Energien symbolisiert. Unter Weitergabe ist hier allerdings nicht Opfer zu verstehen (ein Begriff, der eher Chi 2 zuzuordnen wäre); vielmehr ist es eine Form von Selbstausdruck, die ganz natürlich aus der Fülle des erworbenen **inneren Reichtums** hervorgeht. Chi 7 ist der Analogielehre zufolge eine Energie der reiferen Lebensjahre, in denen sich der Lebensschwerpunkt vom Aufnehmen auf das Weitergeben verlagert hat. Es kann sich dabei um die Weitergabe von Information (die kommunikative Begabung des Chi-7-Menschen!), von mentaler Kraft, von Nahrung oder auch von genetischem Material handeln. Die Domäne von Chi 7 sind also die **Kinder**, in einem erweiterten Sinne der ganze Bereich des Umgangs mit Empfängern von verfügbarer Energie, also z. B. von Schülern, Auszubildenden, Schützlingen, Klienten und Patienten.

Wohnungs-Chi-8: Wissen, Weisheit, Erfahrung

Chi 8 hat innerhalb des großen Gleichgewichts der Kräfte die Aufgabe, Erworbenes zu bewahren und zu konzentrieren. Das Zerstreuen von Energie (wie bei Chi 7) wird vermieden. Ebenso ist mit Chi 8 auch die Phase des bloßen, oft flüchtigen Einsammelns von Energie überwunden. Chi 8 verkörpert jenen Aspekt von Besitz, der uns dauerhaft zugehört, den wir langfristig nutzen und nicht ohne weiteres verlieren können. Die Analogie hierzu könnte somit als **Wissen, Weisheit, Erfahrungsschatz** bezeichnet werden. Aber auch die Gesamtheit der erworbenen und dauerhaft verfügbaren **Fertigkeiten** (berufliche Qualifikation, aber auch charakterliche Tugenden sowie soziale Kompetenz gehört zu Chi 8.

Wohnungs-Chi-9: Wahrheit, Ruhm, Ehre, Status

Chi 9 ist die Energie der Aufhellung und Aufklärung, somit der **Wahrheit** – ganz im Gegensatz zu Chi 1, der Energie der Verdunklung, des Geheimnisvollen. Während Chi 1 alles repräsentiert, was im verborgenen wirksam ist (das Schicksal), symbolisiert Chi 9 das Offensichtliche, nach außen hin Wirksame. *Feng-Shui-*Bücher sprechen im Zusammenhang mit Chi 9 häufig von **Ruhm**, **Ehre** und **Status.** Da die Neun jedoch nicht zuletzt die Zahl der Wahrheit, der Enthüllung des tatsächlich Vorhandenen ist, kann es sich dabei nicht um einen Ruhm handeln, der lediglich auf Schein, auf Lüge und Selbstbeweihräucherung basiert. Es ist das wahre Ich des Menschen in seiner Außenwirkung und gerechten Anerkennung durch andere Menschen.

Man kann sich diese auf den ersten Blick vielleicht etwas verwirrenden Angaben leichter einprägen, wenn man erkennt, daß jeweils zwei der acht den Trigrammen des *I Ging* zugeordneten Chi-Kräfte ein Paar bilden, das zusammengenommen einen Themenbereich repräsentiert. Das betreffende Paar bildet innerhalb des genannten Themas zwei polare Gegensätze. Chi 5, dem kein Partner zugesellt ist, nimmt hier wieder einmal eine Sonderstellung ein.

Noch einige wichtige Regeln, die uns die Erinnerung der Zuordnungen erleichtern werden

Thema Persönlichkeit: **Chi 1** (das im verborgenen Wirksame: **Schicksal**) im Gegensatz zu **Chi 9** (das nach außen hin Wirksame: **Anerkennung**)

Thema Beziehungen: **Chi 2** (das Opfer des Ego: **Liebe**) im Gegensatz zu **Chi 6** (Die Stärkung des Ego: **Freundschaft**)

Thema Gemeinschaft: **Chi 3** (das Kind-Ich im Rahmen der größeren Gruppe: **Stammfamilie**) im Gegensatz zu **Chi 7** (das Eltern-Ich im Umgang mit Schutzbefohlenen: **Kinder**)

Thema Besitz: **Chi 4** (der flüchtige, materielle Besitz: **Reichtum**) im Gegensatz zu **Chi 8** (der dauerhafte, geistige Besitz: **Wissen**)

Thema Leben: **Chi 5** repräsentiert allein die polaren Gegensätze Anfang und Ende: **Geburt** und **Tod**

Die Paare, die hier gebildet werden: Chi 1 + Chi 9, Chi 2 + Chi 6, Chi 3 + Chi 7 sowie Chi 4 + Chi 8 liegen einander auch auf dem magischen Quadrat räumlich gegenüber – ein weiteres Zeichen für die perfekte Symmetrie, die Geschlossenheit und Vollkommenheit des Systems Persönlichkeits-Feng-Shui.

Jedes Haus, somit auch jede der neun Zonen innerhalb Ihrer Wohnung, entspricht einem Lebensbereich des Menschen. Zusammengenommen repräsentieren sie die Gesamtheit menschlicher Erfahrungen.

Überlegen Sie in diesem Wissen einmal, welche wichtigen Bereiche Ihres Lebens den neun Energien zugeordnet werden können. Malen Sie dazu ein großes magisches Quadrat mit viel Platz zum Eintragen von Namen und Begriffen. Schreiben Sie nun in Haus Zwei den Namen Ihrer Liebespartnerin, Ihres Liebespartners oder ehemaliger Partner; in Haus Sechs notieren Sie die Namen von Freunden, Bekannten und Kollegen, in Haus Sieben die Ihrer Kinder und möglicherweise von Schülern, Lehrlingen, Schutzbefohlenen; Haus Drei ist der richtige Platz für Ihre Eltern, Großeltern, Geschwister und älteren Verwandten; Haus Vier umfaßt Besitztümer, Haus, Auto und Bankkonto, Haus Acht Ihre beruflichen Qualifikationen, Ihre Bildung und ihre sonstigen Fertigkeiten. Haus Eins ist etwas schwieriger in Worte zu fassen: Es umfaßt die verborgenen Kräfte, die Ihr Leben zur Entfaltung bringen. Sie können auch „Gott“ hier einsetzen oder „Karma“. Haus Neun beinhaltet Ihre Erfolge, das Bild, das Sie in der Öffentlichkeit abgeben und die äußere Wirkung, die Sie auf andere Menschen ausüben; in Haus Fünf schließlich gehören Ihre Aufbruchs-, Zusammenbruchs- und Krisenerlebnisse, Umbrüche und Einschnitte Ihres Lebens, schließlich Geburt und Tod.

4 Reichtum Besitz Geld	9 Wahrheit Ruhm Wirkung	2 Liebe Partnerschaft Ehe
3 Stammfamilie Sippe Volk	5 Umbruch Geburt Tod	7 Kinder Schutzbef. Schüler
8 Wissen Weisheit Fertigkeit	1 Schicksal Lebensweg Karriere	6 Freundschaft Bekanntschaft berufl.Kontakte

Deutung der Größe einer Chi-Zone

Wohnungszonen und Lebensbereiche mit den ihnen zugehörigen Erfahrungen stehen in enger Beziehung zueinander

Die Durchführung der oben beschriebenen Übung wird Ihnen helfen zu begreifen, was es bedeutet, wenn in einem der neun Häuser, die Sie in Ihrem Wohnungsgrundriß eingezeichnet haben, Veränderungen vonstatten gehen. Wir können dabei nach dem Analogiegesetz („Wie oben, so unten“) vorgehen.

Regel 1: Alles, was in einer bestimmten Zone Ihrer Wohnung geschieht, ereignet sich auch in dem entsprechenden Lebensbereich. Veränderungen der Zone führen zu Veränderungen im richtigen Leben.

Das heißt konkret: Alles was sich in Haus Zwei innerhalb Ihres Wohnungsgrundrisses abspielt, betrifft auch die Chi-2-Thematik in Ihrem Leben: Also Partnerschaft und Liebe. An welche Art von Veränderungen in Haus Zwei (oder irgendeinem anderen Haus) ist nun gedacht?

Zunächst gilt: Eine optimale Harmonie zwischen den neun durch die Häuser symbolisierten Lebensbereichen ist nur gewährleistet, wenn alle Zonen gleich groß sind. Dieses Gleichgewicht kann aber auf verschiedene Weise gestört sein. Nehmen wir als Beispiel Haus Zwei, das der Liebe und der Partnerschaft. Seine Umrisse können auf verschiedene Weise verzerrt sein:

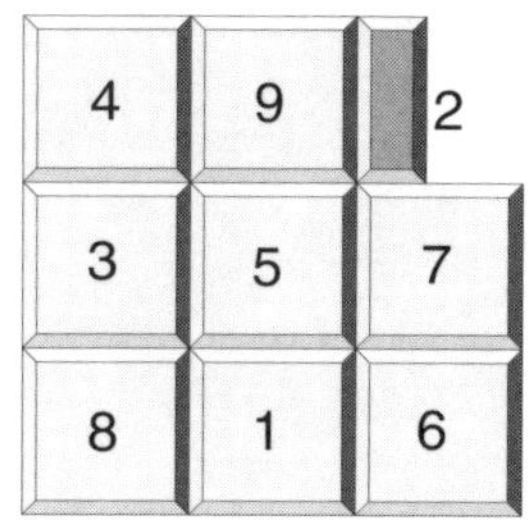

Beispiel: L-förmiger Wohnungsgrundriß. Haus Zwei ist beschnitten.

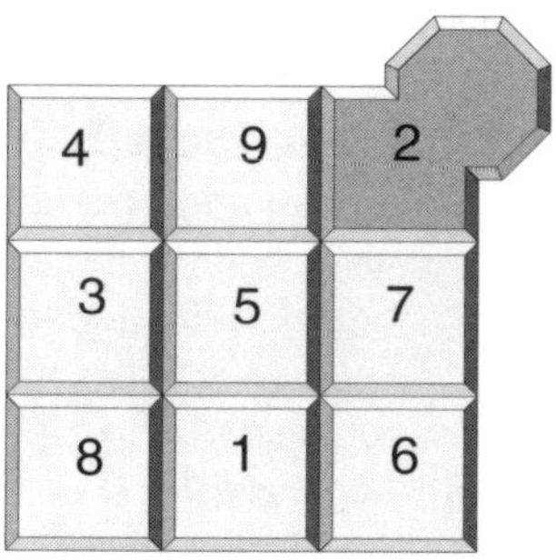

Beispiel: Erker-Anbau an Haus Zwei. Haus Zwei ist erweitert.

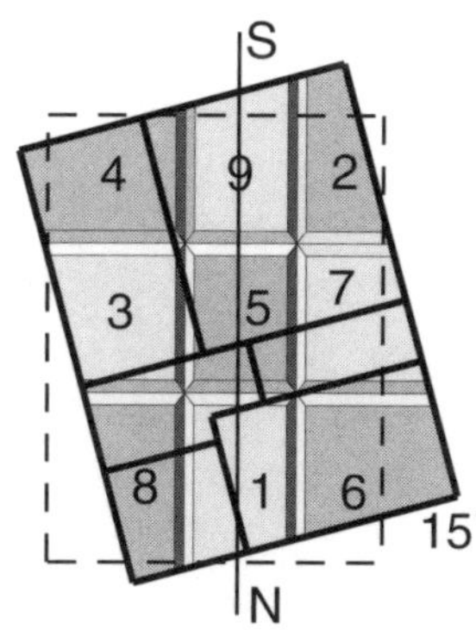

Beispiel: Wohnung ist gegenüber den *Chi*-Himmelsrichtungen verschoben. Dadurch ist die Fläche von Haus Zwei kleiner.

Im letztgenannten Beispiel ist dagegen Haus Neun größer als normal. Wie lassen sich diese räumlichen Gegebenheiten nun mit symbolischem Sinn erfüllen?

Kleine Wohnraumzonen verkleinern den entsprechenden Lebensbereich, große vergrößern ihn

Regel 2: Ist die Fläche einer bestimmten Zone Ihrer Wohnung übermäßig klein, so wird die Bedeutung des entsprechenden

Lebensbereiches in Ihrem Leben gemindert. Der betreffende Bereich kommt zu kurz, erhält zuwenig Energie.

Ist die Fläche einer bestimmten Zone Ihrer Wohnung dagegen besonders groß, so kommt dem entsprechenden Lebensbereich übermäßige Bedeutung in Ihrem Leben zu. Der betreffende Bereich drängt sich – vielleicht auf Kosten anderer Chi-Kräfte – in übertriebener Weise in den Vordergrund, erhält zuviel Energie.

Beispiele für die Auswirkungen von größeren bzw. kleineren Chi-Zonen

Beispiel 1*: Ist Haus Zwei in irgendeiner Weise beschnitten, kann es sein, daß Liebe, partnerschaftliche Einstellung und die Fähigkeit zur Hingabe zu kurz kommen. Möglich, daß einer oder beide Partner auch im Liebeszentrum ihrer Seele eine gewisse Leere verspüren. Insbesondere leidet die zentrale Fähigkeit der Chi-2-Energie: Man kann sein Ego weniger gut zugunsten der Gemeinsamkeit zurückstellen. Aus dem Wunsch zu kontrollieren und zu dominieren heraus ist vielleicht die Fähigkeit verkümmert, sich hinzugeben, sich dem anderen ganz auszuliefern oder sich in seine Bedürfnisse einzufühlen. Anders ausgedrückt, hat die Yin-Komponente zugunsten der Yang-Kräfte gelitten. Sollte Haus Zwei in erheblichem Ausmaß verkleinert sein und das beschriebene Syndrom auch in der Realität bereits erkennbar sein, so sollten Sie einen Wohnungswechsel erwägen. Kleiner Tip: Nicht jeder Ehekrach ist die Schuld von Persönlichkeits-Feng-Shui oder durch den Einfluß von Persönlichkeits-Feng-Shui zu schlichten!*

Beispiel 2*: Hat sich Haus Zwei im Vergleich zur Fläche der anderen Häuser übermäßig breitgemacht, so kann es sein, daß Sie andere Lebensbereiche zugunsten Ihrer Paarbeziehung vernachlässigen. Vielleicht kleben Sie aneinander und führen eine symbiotische Beziehung, in die kein fremdes Element, auch nicht ehemals gute Freunde, einzudringen vermag. Oder Sie vernachlässigen Ihren beruflichen Erfolg, weil Ihr Partner (vielleicht auch die Sexualität) alle Kräfte absorbiert. Die Konturen Ihrer Persönlichkeit beginnen sich aufzulösen, und Sie geben allzuviel von dem preis, was bisher Ihre Individualität ausgemacht hat. Besonders gilt dies, wenn zugleich Haus Sechs (die Ich-Stärke, Selbstbestätigung) geschrumpft ist. Ihr Ich verschwindet dann völlig zugunsten Ihrer Rolle als Teil des Superorganismus, den Sie als Paar bilden. Ein gefährlicher Weg, denn Sie könnten Ihre Lebensaufgabe verfehlen, die in der Entfaltung des nur Ihnen eigenen Potentials liegt.*

Symbolische Bedeutung der Raumausstattung in den Chi-Zonen

Neben der **Größe** der Wohnungszonen spielt auch die **Art und Weise** eine Rolle, wie Sie die verfügbare Fläche mit Gegenständen, Symbolen und Lebensfunktionen ausfüllen. Einige dieser Funktionen und Einrichtungselemente sind meist schon durch die Architektur vorgegeben (Lage der Spüle, der Toilette usw.); andere werden einem durch den Wohnungsgrundriß mehr oder weniger suggeriert (Schlafzimmer ist meist kleiner als Wohnzimmer); wieder andere können Sie völlig frei gestalten (kleinere Schränke, Fernseher, Bilder, Pflanzen). Optimale Möglichkeiten hat natürlich der Bauherr, der sein Haus vom ersten Augenblick an mit Rücksicht auf die Kriterien des Persönlichkeits-Feng-Shui planen kann. Der „kleine Mann" muß sich meist mit Veränderungen im Detail begnügen. Aber auch hier gibt es die Chance zu radikaler Veränderung. Gerade Mieter haben wegen ihrer lokkeren Bindung an die Wohnsubstanz die Möglichkeit, relativ schnell die Wohnung zu wechseln.

Neben der Größe der Wohnungszone spielt auch die Art und Weise der Einrichtung eine Rolle

Regel 3: Ist eine bestimmte Zone Ihrer Wohnung besonders dicht bepackt, also mit Möbeln und Gegenständen vollgestellt, so kann es zur Blockade von Energie oder zum Problemstau im entsprechenden Lebensbereich kommen.

Ist eine bestimmte Zone Ihrer Wohnung besonders leer (keine oder nur wenige Möbel und Gegenstände), so hat dies nicht unbedingt negative Auswirkungen. Der betreffende Lebensbereich hat allerdings in Ihrem Leben meist keinen wichtigen Stellenwert.

Beispiel: *Haus Eins ist mit Schränken, Zimmerpflanzen, der Stereoanlage, dem Fernseher und dem Vogelkäfig schlichtweg überladen. Außerdem muß das geplagte Haus meist auch einen oder zwei Wäscheständer beherbergen.* **Deutung:** *Das Wirken des Schicksals, das im Kern Ihrer Persönlichkeit verborgen liegt, wird durch die Überfülle der Gegenstände und Eindrükke eher blockiert. Die Entfaltung Ihrer Fähigkeiten aus der Latenz zur völligen Verwirklichung in der Außenwelt kann verzögert oder behindert werden. Fernseher und Stereoanlage symbolisieren überdies ein Überhandnehmen verwirrender Sinneseindrücke, die das Zutagetreten der eigenen Melodie, des eigenen inneren Bildes verhindern. Hier wäre es wichtig, die Chi-1-Ecke zu entzerren, eine klare Linie in die Front der Schrän-*

ke und Gegenstände zu bringen und dadurch auch den Schicksalskräften die Möglichkeit zu geben, frei zu fließen.

Wie oft und lange wir uns in bestimmten Wohnraumzonen befinden, spielt außerdem eine wesentliche Rolle

Neben diesen Grundregeln ist natürlich auch eine Feinanalyse mit zahlreichen Details möglich. Das kann Gegenstand eines eigenen Buches sein – ohne viel Aussicht auf einen endgültigen Abschluß. Der Grund: Jeder Autor ist aus Sicht des Lesers zunächst ein Fremder. Er kennt Ihre persönliche Situation nicht und kann niemals die Symbolik **aller** Gegenstände in Ihrer individuellen Wohnung aus der Ferne analysieren. Ein paar typische Fälle und Beispiele helfen Ihnen vielleicht, Ihrer eigene Deutung ihrer Wohnungseinrichtung zu entwickeln. Zunächst noch eine grundsätzliche Regel:

Regel 4: Wenn wir uns in einer der Zonen befinden, werden wir automatisch von der dort herrschenden Energie beeinflußt. Wer sich besonders lange in einer der Zonen aufhält, nimmt die Energie der entsprechenden Chi-Kraft besonders intensiv auf.

Wo wir uns jedoch selten oder nie aufhalten, wird auch der entsprechende Lebensbereich in uns selbst zu kurz kommen.

- Wo Ihr **Bett** steht, verbringen Sie die meiste Zeit. Es ist daher besonders wichtig, welche Chi-Kraft hier regiert. Die betreffende Energie prägt vor allem Ihr unbewußtes Leben (Traum und Schlaf). Dieser Bereich dient der Regeneration Ihrer Kräfte.

  ***Beispiel**: Bett in Haus Drei (Chi-3-Energie). Deutung: Die Stammfamilie, z. B. Ihre Eltern und Geschwister, haben in Ihrem Leben eine besondere Bedeutung, da Sie sich in diesem Haus etwa ein Drittel Ihres Lebens aufhalten. Dies muß nicht unbedingt mit häufigen Besuchen bei Eltern und Verwandten in Verbindung stehen; vielmehr ist die Stammfamilie sehr stark in Ihrem Unbewußten präsent, weshalb Sie mit Ihrem Verstand auch wenig Zugriff darauf haben, in welcher Weise sich beispielsweise Ihre Mutter oder Ihr Vater in Ihrer Seele breit macht. Eine Frau, die sich von ihrem übermäßig starken Vaterbild lösen und ihrem Ehemann als neuem Zentrum ihres Lebens zuwenden möchte, sollte z. B. ihr Bett aus Haus 3 in Haus 2 rücken. Leider ist dies in der Praxis oft nicht durchführbar.*
- Das Gegenteil gilt für **Arbeitszimmer** und **Schreibtisch**. Die betreffende Energie prägt vor allem Ihr bewußtes, verstandesmäßiges und berufliches Leben.

Beispiel: *Schreibtisch in Haus Vier. Deutung: Die Arbeit, die an diesem Platz verrichtet wird, könnte Ihnen schnell zu Reichtum und materiellem Besitz verhelfen. Andererseits handelt es sich auch um eine etwas flüchtige Energie. Wer z. B. als Schriftsteller ein Werk für die Ewigkeit schaffen möchte, ist in Haus Vier schlecht, in Haus Acht dagegen um so besser aufgehoben.*

- Wenn Sie eine **Meditationsecke**, einen **Hausaltar** oder etwas ähnliches besitzen, wird der entsprechende Lebensbereich für Sie religiös aufgeladen sein. Dort wo Ihr Kreuz oder religiöses Symbol hängt, ist für Sie der „heilige" Bereich.

  ***Beispiel**: Kreuz und Rosenkranz hängen in Haus Neun. Deutung: Dies kann bedeuten, daß Ihnen die Wahrheit heilig ist; in einem etwas weniger positiven Sinne wäre Ihr Heiligtum der Ruhm, Ihre Wirkung und Ihr Erfolg bei anderen Menschen. Wenn Ihnen dies gegen den Strich geht, hängen Sie Ihr Kreuz besser an einen anderen Ort, etwa in das Haus der Liebe (Haus Zwei) oder in Haus Eins, das am ehesten dem spirituellen Bereich zugeordnet ist (Schicksal, Karma oder das geheime Wirken Gottes in Ihrem Leben).*

- Der Lebensbereich, in dem der größte Teil der **Küche** gelegen ist, dient Ihnen in besonderer Weise als Nahrung. Das heißt, die Aufnahme dieser Energie ist für Sie lebenswichtig und lebenserhaltend.

  ***Beispiel**: Küche in Haus Sieben. Deutung: Ihr Lebensquell sind die Kinder. Alternativ dazu könnte es sich auch um untergeordnete, schutzbefohlene oder hilfsbedürftige Menschen, z. B. um Lehrlinge, Schüler oder Klienten handeln. Sie schöpfen daraus jene Kraft, die Ihr Lebensfeuer am Brennen hält. Wenn Sie in dieser Konstellation leben, können Sie sich glücklich schätzen, und ich würde keine Veränderung anraten, denn oft genug heißt es klischeehaft, Kinder rauben uns Kraft. Wie schön, daß Sie von ihnen auch viel Energie empfangen!*

- Der Lebensbereich, in dem sich die **Toilette** befindet, wird von Ihnen in den Schattenbereich gedrängt. Das heißt, sie möchten ihn am liebsten aus Ihrer Seele ausscheiden, möchten ihn nicht anschauen oder ekeln sich davor.

  ***Beispiel**: Toilette in Haus Zwei. Deutung: Dies könnte darauf hinweisen, daß Sie Ihr Bedürfnis nach Liebe und Sexualität verdrängen oder darin etwas Schmutziges sehen. Es kann sein, daß Sie in Ihrer Fähigkeit zur Hingabe, zur Aufgabe des Ego in der Verschmelzung mit dem geliebten Partner*

(Chi 2) nachhaltig beeinträchtigt wurden. Statt den Zauber, das Wunderbare an der zärtlichen Berührung wahrzunehmen, sehen Sie daran vielleicht etwas Ekelerregendes. Sie möchten diesen Lebensbereich am liebsten in die Kanalisation spülen, d. h. in den unsichtbaren, unheimlichen Schattenbereich Ihrer Seele abdrängen. Natürlich muß sich die Toilette irgendwo in der Wohnung befinden, aber wenn Sie glauben, daß die oben angesprochene Problematik Sie ohnehin stark bedrängt und beeinträchtigt, ist es vielleicht besser, eine Situation aufzusuchen, in der sich die Toilette beispielsweise in Haus Sechs (Freunde, Bekannte) befindet.

- ***Beispiel: Rumpelkammer** mit vielen alten, nicht mehr gebrauchten Gegenständen in Haus Acht. Deutung: Es kann sein, daß Sie Ihren Wissensbesitz horten, bis er wie abgestandenes Wasser faulig zu werden beginnt, weil kein frischer Zustrom ihm neues Leben zuführt. Vielleicht sind Sie stolz auf Ihre Schulbildung oder Ihre bei der Meisterprüfung erworbene Kompetenz, haben sich aber seit dem Abitur oder der Prüfung nicht mehr bemüht, Ihrem einmal erworbenen Wissensbesitz neue Erkenntnisse hinzuzufügen. Oder Sie können sich schwer von alten, überholten Gedanken, Überzeugungen und unbrauchbaren Wissensbruchstücken lossagen. Die körperliche Analogie zur modrigen Rumpelkammer wäre die Verstopfung.*
- ***Beispiel: Singvogelpärchen** in Haus Zwei. Deutung: Ein sehr hübsches Symbol, gerade im Haus der Liebe und der Partnerschaft. Sie sind nicht allein, und es überwiegt der Eindruck des Schönen und Kunstvollen (der Zwiegesang Ihrer Herzen, die Farbenpracht Ihrer Seelen). Auch beiderseitige Schwächen (der Kot der Vögel) werden geduldet und können in das Leben integriert werden. Wermutstropfen ist der Goldene Käfig, der – wie viele Beziehungen – als Einschränkung der Bewegungsfreiheit empfunden werden kann. Wenn Sie die Symbolik des Vogelpärchens für sich übernehmen wollen, sorgen Sie für einen geräumigen Käfig und lassen Sie die Tierchen manchmal zusammen oder getrennt ausfliegen. Zwei Vögel im Single-Haushalt bedeuten, daß Sie mit sich selbst gut klarkommen und sich allein nicht einsam fühlen; ein Vogel im Paarhaushalt könnte darauf hindeuten, daß Sie sich „gemeinsam einsam“ fühlen.*
- ***Beispiel: Flur** und **Treppe** in Haus Fünf. Deutung: Ein durchaus realistisches Beispiel. Auf Haus Fünf fallen wegen seiner zentralen Lage häufig Flure, Dielen oder Treppen. Die Zone*

des Übergangs, von der aus man alle anderen Zimmer und Lebensbereiche betreten kann. Eine Treppe in den Keller erinnert an „Hinabgestiegen in das Reich des Tode", eine Treppe nach oben an „Aufgefahren in den Himmel": Tod und Flur als Übergang zu anderen geistigen Räumen; Tod und Treppe als Übergang zu anderen Daseinsebenen. Der Tod ist aber zugleich auch die Geburt in eine andere Welt hinein, wodurch das Doppelgesicht von Chi 5 zum Ausdruck kommt. Wenn Flur und Treppe in Ihrer Wohnung diese zentrale Lage haben, dann ist dieses problematische Haus für Sie optimal ausgefüllt. Keinesfalls sollte dort jedoch Ihr Bett stehen.

- ***Beispiel:** Haus Zwei wird von Ihnen so gut wie **nie besucht**, weil sich dort der Rückzugs- und Arbeitsbereich Ihres Partners befindet. Deutung: Haus Zwei ist für Sie ein toter Winkel oder ein weißer Fleck auf der Landkarte. Es ist also damit zu rechnen, daß Liebe und Partnerschaft für Sie keine große Bedeutung haben, während Ihr Partner, der dort seinen Schreibtisch hat, im bewußten, intellektuellen Teil seiner Persönlichkeit sehr mit der Partnerschaft befaßt ist. Eine sehr schwierige Konstellation. Es kann sein, daß Sie den Vorwurf ernten, daß Ihnen Ihr Partner gleichgültig ist – daß Sie nicht bereit sind, an Ihrer Beziehung zu arbeiten.*

Wohnungsdeutung aufgrund der Fünf-Elemente-Lehre

In den vorherigen Abschnitten dieses Kapitels habe ich Sie dazu angeregt, Ihre persönliche Wohnsituation nach der Lehre des Persönlichkeits-Feng-Shui zu analysieren. Was passiert aber, wenn sich zwei oder mehrere Personen auf ein und demselben Wohnungsgrundriß tummeln? Erwartet nun alle Mitglieder der betreffenden Familie oder Wohngemeinschaft dasselbe Schicksal?

Beispielsweise kann der Platz des „Ehebettes" für jeden einzelnen der Partner in unterschiedlicher Weise gutes oder weniger gutes Chi ausstrahlen

Dies ist aller Erfahrung nach nicht so. Zunächst ist zu beachten, daß der Bettplatz, also jene Zone, wo wir den mächtigsten Einflüssen auf unser unbewußtes und emotionales Leben ausgesetzt sind, unter den Mitgliedern einer Familie häufig ein anderer ist. Nur das gemeinsame Ehebett innerhalb der gleichen Chi-Zone ist eine schöne Konvention, die das Ehepaar noch zusätzlich zusammenschweißt und beide Partner über lange Zeit in ähnlicher Weise prägt. Auch werden unterschiedliche Kinderzimmer, unterschiedliche Lieblingsplätze und Rückzugsbereiche die Familienmitglieder unterschiedlich beeinflussen.

Vor allem gilt natürlich im Persönlichkeits-Feng-Shui die Regel: Nicht jede Persönlichkeit reagiert auf gleiche Umstände auch in gleicher Weise. Sie haben sich inzwischen hinlänglich mit der Tatsache vertraut gemacht, daß es neun verschiedene Chi-Typen und 81 Misch-Typen gibt. Wie die Persönlichkeitsstruktur mit anderen Faktoren zusammenwirkt beziehungsweise harmoniert, wird in der chinesischen Philosophie vor allem – Sie ahnen es schon – durch die Fünf-Elemente-Lehre beschrieben.

Ich habe sie in diesem Kapitel nicht so in den Mittelpunkt gestellt wie in vielen anderen Abschnitten. Der Grund liegt einfach darin, daß wir uns innerhalb einer Wohnung meist abwechselnd in allen neun Zonen bewegen bzw. uns nicht aussuchen können, wo wir viel Zeit verbringen. Grundsätzlich können Sie natürlich die Zone, in der Sie sich häufiger aufhalten, als Wirt und sich selbst als Gast betrachten (vergleiche ab Seite 82 und 104) und das Zusammenspiel der beiden Faktoren nach den bewährten Regeln analysieren.

Ein Beispiel: Katja ist Chi 5 (Erde), ihr Mann Fred ist Chi 3 (Holz). Beide haben ihr Ehebett in Haus 1 (Wasser) stehen und werden von dessen Energie – vor allem in ihrem unbewußten (Traum-)Leben – besonders stark beeinflußt. Der Bereich Schicksal-innere und äußere Entwicklung (Karriere)-Entfaltung der Potentiale wird für beide zentral sein, ohne daß diese Tatsache jedoch sehr stark in ihr Wachbewußtsein dringt.

Der Unterschied ist jedoch: Chi 3 und Chi 1 passen recht gut zusammen (Wasser füttert Holz), während Chi 5 und Chi 1 nicht besonders harmonieren (Wasser verletzt Erde). Es könnte also sein, daß Fred von seinem Schlafplatz und von den verborgenen Kräften seines Schicksals eine Art Energiezufuhr erhält, während Katja sich in Belangen ihrer menschlichen und beruflichen Entwicklung häufig entwertet oder vor den Kopf gestoßen fühlt.

Hier finden Sie eine zusammenfassende Kurzanleitung für die Analyse der eigenen Wohnsituation

Zusammenfassend soll hier noch einmal eine Kurzanleitung für die Analyse Ihrer eigenen Wohnsituation gegeben werden:

1. Verschaffen Sie sich eine Skizze Ihres Wohnungsgrundrisses und teilen Sie die Wohnfläche in neun Zonen entsprechend den neun Chi-Kräften ein. Haus Eins (der Norden) weist dabei in den tatsächlichen Norden gemäß den *Chi*-Himmelsrichtungen, die um ein paar Grade von den geographischen Himmelsrichtungen abweichen. Gibt es Abweichungen dieses Grundrisses von der quadratischen oder rechteckigen Normalform? Gibt es Einschnitte oder Ausbuchtungen, und

in welchen Chi-Zonen befinden sie sich? Welche Schlußfolgerungen sind daraus zu ziehen? Beachten Sie vor allem die Lage Ihres Bettes, der Toilette, der Küche, des Schreibtisches, des spirituellen Zentrums (soweit vorhanden) sowie jener Bereiche, in denen Sie sich besonders selten aufhalten: Welche Schlußfolgerungen lassen sich daraus ziehen, daß diese Wohnelemente in einer bestimmten Chi-Zone liegen?

2. Gibt es symbolische Gegenstände, Pflanzen und Tiere, die ein besonderes Augenmerk verdienen (Souvenirs, Kunstgegenstände, die für Sie persönlich mit Bedeutung aufgeladen sind)? Wie deuten Sie deren Aufenthalt in bestimmten Chi-Zonen?
3. Ist die Analyse für Sie und alle anderen Bewohner die gleiche, oder gibt es Abweichungen (z. B. verschiedene Schlaf- und Lieblingsplätze)? Sind daraus Schlußfolgerungen auch auf abweichende Verhaltensweisen oder Charakternuancen zu ziehen? Das ist vor allem dann interessant, wenn bestimmte Verhaltensweisen erst nach dem Umzug in die betreffende Wohnung aufgetreten sind.
4. Wie gut harmoniert Ihre persönliche Chi-Kraft mit der Chi-Kraft des „Hauses", in dem Sie sich besonders häufig aufhalten (Schlaf- oder Lieblingsplatz)?
5. Gibt es Möglichkeiten, Ihre Erkenntnisse in die Tat umzusetzen, Veränderungen vorzunehmen? Sind die Beeinträchtigungen durch *Chi*-Faktoren so schlimm, daß Sie sogar einen Umzug erwägen sollten, oder muß nur hier ein Möbelstück, dort ein Gegenstand umgerückt werden?

Schlußbemerkung: Ist alles vorherbestimmt?

„Recht stets behält das Schicksal, denn das Herz
In uns ist sein gebieterischer Vollzieher“
aus Schiller: Wallensteins Tod

Die Frage, ob wir in unserem Willen frei oder nur Spielball höherer Gewalten sind, ist nicht neu. Sie durchzieht die gesamte Geschichte menschlichen Denkens und menschlicher Religiosität. Bewegen wir uns nur marionettenhaft nach den Vorgaben eines unabwendbaren Schicksals? Sind es Götter, ist es der christliche Gott oder sind es die wechselnden Konstellationen am bestirnten Himmel, die uns unseren Lebensweg vorgeben? Haben wir überhaupt eine Chance, unser Leben aus eigener Vollmacht in eine von uns gewünschte Richtung zu lenken? Können wir dem Schicksalsrad zumindest in die Speichen greifen, seinen Lauf verlangsamen oder beschleunigen oder sogar eine Richtungsänderung bewirken?

Die Frage „Sind wir determiniert (vorherbestimmt)?“ ist mit Blick auf die Erkenntnisse von Persönlichkeits-Feng-Shui mit einem eindeutigen „**Jein**“ zu beantworten. Da unterscheidet sich Persönlichkeits-Feng-Shui auch nicht wesentlich von westlicher Astrologie. Es mag halbherzig und unentschieden klingen, ist aber nichtsdestoweniger wahr und gibt, wenn man es positiv interpretiert, durchaus Anlaß zu Hoffnung.

- Es gibt Dinge, die wir nicht in der Hand haben, die einfach mit uns geschehen. Das kann uns manchmal von einem drängenden Gefühl der Schuld, der Verantwortung für Ereignisse entlasten, für die wir gerechterweise nicht zu verantworten sind.
- Es gibt auf der anderen Seite Dinge, die wir durchaus beeinflussen können, Situationen, in denen wir unser Schicksal aktiv in die Hand nehmen sollten. Das kann uns manchmal Mut machen, zu verändern, was zu verändern ist. Wir werden auf diese Weise nicht in Lethargie und Resignation versinken.
- Um die veränderbaren von den **nicht** veränderbaren Dingen zu unterscheiden, bedarf es der Weisheit, die aber mit der Erfahrung (zum Beispiel durch Studium des Persönlichkeits-Feng-Shui) wachsen kann. Manche Einzelheiten über das Zusammenspiel der menschlichen Willenskraft mit den kosmischen Kräften werden uns wohl für immer ein Rätsel blei-

ben; andere werden wir in der Zukunft durch die vorwärtstastenden Suchscheinwerfer unserer Vernunft erhellen können.

Trotz der herrschenden Unklarheit legt der Umgang mit Persönlichkeits-Feng-Shui drei Thesen nahe, die meiner Erfahrung nach jeder Überprüfung durch die Realität standhalten:

1. These: Unser Charakter ist unser Schicksal
Unser Charakter prägt die Art und Weise, wie wir die Ereignisse des Lebens, die uns widerfahren, empfinden und interpretieren. Wir werden, bedingt durch unsere Charaktereigenschaften, bestimmte Signale in unsere Umwelt entsenden. Dadurch werden andere Menschen wiederum dazu provoziert, auf ganz bestimmte Weise auf uns zu reagieren. Wir schaffen uns eine Welt nach den Gesetzmäßigkeiten unserer inneren Natur. Die Welt, die ein Chi-1-Mensch wahrnimmt, wird immer „Chi-1-haft" sein. Schiller (siehe das Motto zu Beginn dieses Kapitels) nennt unser Herz den „Vollzieher des Schicksals". Was **in uns** ist (das „Herz", die Charakteranlagen), wird das Geschehen **außerhalb von uns** (Schicksal) entscheidend mitbestimmen. Dennoch haben wir bis zu einem gewissen Grade die Freiheit zu wählen:

- Wir können die Wahl treffen, uns über Persönlichkeits-Feng-Shui zu informieren.
- Wir können wählen, die durch Persönlichkeits-Feng-Shui gewonnenen Erkenntnisse in die Tat umzusetzen oder weiterzuleben, als wäre nichts geschehen.
- Wir können wählen, gegen unsere Charakteranlagen anzukämpfen, sie bis zur größtmöglichen Vollendung zu entfalten oder aber durch maßlose Übertreibung zur Karikatur unseres Chi-Typs zu werden.
- Wir können uns jedoch **nicht** entscheiden, ob wir gern Typ Chi 1 statt Chi 5 oder umgekehrt sein möchten.

Hier endet unsere Wahlmöglichkeit. Fazit: Wir sind frei **und** wir sind determiniert.

2. These: Zusätzlich zu unserem Charakter beeinflussen äußere Krafteinwirkungen wie die neun Chi-Kräfte unser Leben
Was damit gemeint ist, haben die vorangegangen Kapitel schon gezeigt: Unser durch den Geburtszeitpunkt bestimmter Chi-Typ ist nicht der einzige schicksalsbestimmende Faktor. Es kommt auch darauf an, welcher Geist in dem Haus wohnt, in dem wir uns gerade aufhalten. Sprich: Welche Chi-Kraft der Zeit oder der Himmelsrichtung gerade vorherrscht.

3. These: Diese äußeren Beeinflussungen geschehen jedoch nicht unabhängig von unserem Charakter, sondern sind auf ihn bezogen

Es gibt Energien der Zeit und des Ortes, die unserem Charakter unterschiedlich gute oder schlechte Bedingungen für seine Entfaltung bieten. Es gibt energetischen Rücken- oder Gegenwind. Je mehr wir uns mit dem Strom der herrschenden Energien bewegen, desto leichter und müheloser wird unser Leben, desto mehr fühlen wir uns getragen und vom Schicksal begünstigt. Je mehr wir uns dagegen im Widerspruch zu diesen Energien befinden, desto schwerer und kräftezehrender wird unser Weg sein. Wir können uns zwischen diesen beiden grundsätzlichen Wegen entscheiden oder eine Lösung irgendwo in der Mitte wählen. Dem Schwimmen gegen den Strom haftet sicher ein gewisses Pathos der Tapferkeit an, und es enthält das Potential zu höchster Kraftentfaltung in sich; das Schwimmen **mit** dem Strom verspricht dagegen mehr Leichtigkeit und Unbeschwertheit des Daseins. Vielleicht ist es gar nicht sinnvoll, sich ein für alle Male für eine der beiden Lösungen zu entscheiden, denn auch der schwere Weg hat etwas für sich. Manche würden hier von einer karmischen Aufgabe sprechen, die sich gerade im Anrennen gegen Widerstände am besten erfüllt.

Karma ist jedoch ein Begriff aus der indischen Philosophie, der hier vielleicht nicht einmal so gut paßt. Die Chinesen bevorzugen, wie schon ausgeführt, die „Weisheit des Bambusrohrs“, das sich vor dem Wind beugt, um nicht zerknickt zu werden. Mein Buch möchte Sie eher dazu ermutigen, den leichteren Weg zu gehen und sich selbst das Recht auf ein glückliches, weniger mühseliges Leben zuzugestehen. Vielen Menschen fällt es schwer, sich etwas Gutes zu gönnen: zum Beispiel einen von Persönlichkeits-Feng-Shui ausgeleuchteten Lebensweg, der Sie vor allerlei Fallgruben und Stolpersteinen bewahren kann. Einen Weg, der frei ist von den drei anfangs erwähnten Kämpfen: dem Kampf gegen sich selbst, dem Kampf gegen die Eigenschaften der Mitmenschen und dem Kampf gegen die Ungunst der Stunde. Wenn Sie also immer noch glauben, lebenslänglich unter einem Fluch, einem Bann oder einer karmischen Last stöhnen zu müssen, fragen Sie sich einmal, warum Sie gerade jetzt – zufällig? – auf Persönlichkeits-Feng-Shui gestoßen sind! Vielleicht ist dies ein Wink des Schicksals, daß der Bann aufgehoben ist und ein neuer, hellerer Lebensabschnitt beginnen kann.

Sie haben von nun an den unschätzbaren Vorteil, daß Sie **wissen**. Dieses Wissen gibt Ihnen zwar nicht die volle Freiheit,

Ihr Schicksal zu gestalten, es erweitert Ihren Handlungsspielraum jedoch beträchtlich. Das Problem ist, daß die meisten Menschen gleichsam Persönlichkeits-Feng-Shui-blind durchs Leben gehen. Sie verlassen ihr schützendes Haus, wenn ihnen der Sturmwind ins Gesicht bläst – oder vergraben sich in ihren vier Wänden, obwohl draußen der herrlichste Sonnenschein lacht. Das alles können Sie sich ab sofort ersparen.

- Sie können wählen, die Erkenntnisse von Persönlichkeits-Feng-Shui umzusetzen oder dessenungeachtet Ihr Leben weiterzuführen wie zuvor.
- Sie können, wenn Sie die besondere kosmische Kräftekonstellation eines Augenblicks oder eines Ortes erkannt haben, zwischen dem leichten und dem schweren Weg wählen.
- Sie können wählen, Ihre Kinder typgerecht zu erziehen, statt aus ihnen etwas machen zu wollen, was sie nicht sind.
- Sie können wählen, ob Sie die Dinge, die in Ihrem Leben schieflaufen, lieber der Erziehung Ihrer Eltern, ihren Genen, der Gesellschaft, sich selbst oder Persönlichkeits-Feng-Shui zuschreiben möchten. Keine dieser Deutungen muß unbedingt falsch sein. Durch Persönlichkeits-Feng-Shui haben Sie jedoch Ihren Horizont erweitert – und eine zusätzliche Wahlmöglichkeit.
- Sie können sich natürlich **nicht** aussuchen, ob im Jahr 2000 die Energie Chi 9 oder irgendeine andere Energie herrschen soll. Hier enden Ihre Möglichkeiten, sich frei zu entscheiden. Wie gesagt: Wir sind frei **und** unfrei.

Ich entlasse Sie jetzt in einen neuen Lebensabschnitt: den Abschnitt nach Ihrer Bekanntschaft mit Persönlichkeits-Feng-Shui. Sie haben, wenn Sie sich an die Ratschläge dieses Buches gehalten haben, viel gelesen, viel berechnet, gezeichnet und gegrübelt. Genaugenommen beginnt Ihre Aufgabe jetzt erst so richtig. Sie können lernen, mit Persönlichkeits-Feng-Shui zu **leben**. Persönlichkeits-Feng-Shui ist totes Wissen, wenn es nicht in der Praxis erprobt wird. Sie können beginnen, Ihr bisheriges Leben aufgrund der neu gewonnenen Erkenntnisse zu überdenken und Ihr weiteres Leben bewußt zu planen. Sie können dazu übergehen, jeden Menschen, der Ihnen begegnet, nach seinem Geburtsjahr und Geburtsmonat zu fragen und daraufhin im Kopf ein Kurzhoroskop für ihn zu erstellen. Vielleicht kommen Sie im Laufe Ihrer Forschungsarbeit auf die Idee, daß manche meiner Beschreibungen etwas zu ungenau waren und daß Sie selbst zum Beispiel das Wesen von Chi 3 viel besser hätten beschreiben können. – Gut so! Ich freue mich, wenn mündige Leser kritisch mit meinem Buch umgehen.

Persönlichkeits-Feng-Shui für den Westen befindet sich noch im Entwicklungsstadium. Es ist nicht einfach, die sehr allgemeinen philosophischen Beschreibungen des chinesischen *I Ging* für den Lebensalltag eines Deutschen, Österreichers oder Schweizers an der Schwelle zum 21. Jahrhundert nutzbar zu machen. Andere Autoren können auftauchen und an dem von mir und einigen Kollegen in Grundzügen entworfenen System weiterstrikken. Das System wird erweitert, verfeinert werden. Einiges wird hinzugefügt, anderes vielleicht als weniger hilfreich weggelassen werden. Es wird vielleicht unterschiedliche Meinungen und sogar Schulen geben. Ein theoretisches System muß sich jedoch immer die Erprobung in der Praxis gefallen lassen.

Mir war daran gelegen, meinen Leserinnen und Lesern mit diesem Buch ein leicht zu verwendendes Handwerkszeug zu vermitteln, mit dessen Hilfe einfache Charakter- und Beziehungsanalysen sowie Voraussagen für die Zukunft möglich sind. Mir ist klar, daß ich Ihnen auf diese Weise nur die Angel, nicht aber den Fisch in die Hände gegeben habe. Ich wünsche Ihnen allen, daß Sie nicht länger gezwungen sind, im trüben zu fischen, und aus der unerschöpflichen Quelle des Lebens manch lohnenden Fang an Land ziehen können.

Weiterführende Literatur

Gärtner, Brigitte, „Wenn Räume erwachen", Windpferd Verlag, Aitrang, 2. Aufl., 1998

Gärtner, Brigitte, „Magnete der Gesundheit", Windpferd Verlag, Aitrang, 1998

Gerstung, Wilhelm, Mehlhase, Jens, „Das große Feng-Shui Gesundheitsbuch", Windpferd Verlag, Aitrang, 1997

Gerstung, Wilhelm, Mehlhase, Jens, „Das große Feng-Shui Haus- und Wohnungsbuch", Windpferd Verlag, Aitrang, 1998

Lau, Kwan, „Die Geheimnisse der chinesischen Astrologie", Windpferd Verlag, Aitrang, 2. Aufl., 1997

Mann, John, Short, Lar, „Der feinstoffliche Körper", Windpferd Verlag, Aitrang, 2. Aufl., 1993

Mori, Takeo, Milenkovic, Dragean, „Die Geheimnisse der japanischen Astrologie", Windpferd Verlag, Aitrang, 1995

Rottenfußer, Roland, „Lichtvolle Magie mit Kerzen", Windpferd Verlag, Aitrang, 1999

Tierra, Michael, „Heilen mit Magneten", Windpferd Verlag, Aitrang, 1998

van Osten, René, „Das große I Ging Lebensbuch", Windpferd Verlag, Aitrang, 1997

van Osten, René, „Die Pflaumenblüten Numerologie", Windpferd Verlag, Aitrang, 1998

van Osten, René, „I Ging Kalender", Windpferd Verlag, Aitrang, jährlich

Wilhelm Gerstung ·
Jens Mehlhase

Das große Feng-Shui Haus- und Wohnungsbuch

Eine umfassende Darstellung aller wesentlichen Feng-Shui-Situationen im Haus- und Wohnungsbereich mit praktikablen Lösungen

Die Autoren beschreiben detailliert und anschaulich die wesentlichen Feng-Shui-Aspekte im Haus und zeigen praktikable Lösungen für alle denkbaren Situationen auf. Dabei wird immer auch die äußerst wichtige Verbindung zur Radiästhesie hergestellt. Anleitungen zu eigenen Energiemessungen im Haus runden diesen wertvollen Ratgeber ab. Hier wird erstmals die Einwirkung von feinstofflichen Wesenheiten beschrieben, die – neben den im ersten Band erläuterten Arten von feinstofflichen Energien – ebenfalls einen großen Einfluß auf die Harmonie und Behaglichkeit der Hausbewohner ausüben. Mit über 300 Zeichnungen.

240 Seiten, ISBN 3-89385-282-4
DM 36,00/SFr 33,00/ÖS 263,00

Wilhelm Gerstung · Jens Mehlhase

Das große Feng-Shui Gesundheitsbuch

Wie Sie sich vor schädlichen Energien schützen und sich einen idealen Schlafplatz schaffen können · So bringen Sie mehr Qi in ihr Haus

Über 5000 Jahre reicht die chinesische Kunst des Feng Shui zurück. Heute weiß man: die unsichtbaren Energien wirken direkt auf unsere Gesundheit und unser Wohlbefinden. Die Autoren zeigen, wie sich die unsichtbaren Energien des Feng Shui mit dem Biotensor (Einhandrute) oder Pendel auch ganz direkt messen und bewerten lassen. Dabei wird offensichtlich, daß sich viele Gesundheitsprobleme erklären und auf gestörte Energien zurückführen lassen. In diesem Buch erfahren Sie, wie man die Belastung des Schlafplatzes ermittelt – und mit welchen Mitteln und Wegen die Qualität des Schlafplatzes unmittelbar verbessert werden kann.

280 Seiten, DM 29,80, SFr 27,50
ÖS 218,00 ISBN 3-89385-218-2

Brigitte Gärtner

Wenn Räume erwachen

Erleben Sie die wunderbare Verzauberung Ihrer Wohnwelt durch die chinesische Harmonielehre Feng Shui

Formen, Farben, Richtungen und Klänge. Diese kraftvollen Energien wirken auf wundersame Weise zusammen. Und sie entscheiden, ob wir Räume einfach nur bewohnen – oder ob sie zu unserer Wohnwelt werden, zu einem Ort der Kraft, dessen harmonische Ausstrahlung alle, die ihn betreten, wie ein Quell frischer Energie mit Lebenskraft verwöhnt, den Geist beflügelt und die Seele verzaubert. Lassen Sie Ihr Heim zu einem magischen Zauberschloß werden.

208 Seiten, DM 24,80, SFr 23,00
ÖS 181,00 ISBN 3-89385-220-4

Lise Bourbeau

Dein Körper sagt: «Liebe dich!»

Die metaphysische Bedeutung von über 500 Gesundheitsproblemen mit ihren emotionalen, mentalen und spirituellen Ursachen

Lise Bourbeau ist eine der erfolgreichsten spirituellen Lehrerinnen unserer Zeit. Mit diesem wertvollen Ratgeber zeigt sie anhand von 500 Gesundheitsstörungen, wie Krankheitsursachen frühzeitig erkannt und nachhaltig verändert werden können. Im Zentrum ihres Wirkens steht das Reifen der Seele. Dieses Reifen bedeutet, sich und andere anzunehmen und zu lieben. Dazu gehört auch das ganz bewußte Wahrnehmen subtiler Körperbotschaften. – Sie zeigen an, wo wir an unsere physische, emotionale und mentale Grenze gelangen. Ein sensibles Nachschlagewerk, mit dem wir Gesundheit, Glück, Liebe und Harmonie finden können.

320 Seiten, ISBN 3-89385-277-8
DM 29,80/SFr 27,50/ÖS 218,00